글의 내용 이해하기

주 간 학 습 안 내

회 차	글의 종류	학습내용	공부한 날
1일차	짧은 글	**글을 읽고 답하기** 짧은 글을 읽고 글에서 묻는 내용을 찾는 연습을 해 보세요.	년 월 일
2일차	동요	**동요 읽고 이해하기** 운율이 있는 글을 읽고 문제를 풀어 보는 연습을 해 보세요.	년 월 일
3일차	발표	**글의 내용 확인하기** 글에 쓰인 내용을 읽고 글의 내용을 잘 이해했는지 확인하는 연습을 해 보세요.	년 월 일
4일차	이야기	**이야기 읽고 이해하기** 이야기를 읽고 이해한 다음 문제를 풀어보는 연습을 해 보세요.	년 월 일
5일차	지식 글	**정보를 글로 읽어 보기** 글로 정보를 습득하는 것은 아이들에게는 어려운 일입니다. 짧은 글로 첫 독해를 해 보세요	년 월 일

1 일차
글을 읽고 답하기

QR코드를 찍으면 지문 읽기를 들을 수 있어요 ▼

공부한날 [ ] 년 [ ] 월 [ ] 일

시작 시간 [ ] 시 [ ] 분

독해력 시작단계 01회

인사

오늘은 인사하는 **방법**①을 배웠어요.

"친구들과는 어떻게 인사하면 될까요?"

손을 흔들면서, "친구야, 안녕?"

"그렇다면 나보다 나이가 많으신 어른들께는?"

고개를 숙이며, "안녕하세요."

"고마움을 **표현**②할 때는?"

바른 **자세**③로, "감사합니다."

알맞게 인사를 하니까 기분이 좋아요.

낱말 배우기
① **방법**: 어떤 일을 해 나가는 법
② **표현**: 겉으로 드러내는 것
③ **자세**: 몸을 움직이는 모양

1 글을 쓴 친구는 무엇을 배웠나요?

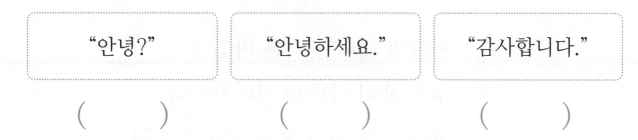

⬜ ⬜ 하는 방법

2 어른이 아이에게 선물을 주었을 때 아이가 해야 할 인사는 무엇인가요? 알맞은 인사에 ◯표를 해 보세요.

"안녕?"	"안녕하세요."	"감사합니다."
( )	( )	( )

3 다음 그림을 보고 빈칸에 들어갈 알맞은 인사말을 써 보세요.

➡ 문제를 다 풀고 맨 뒷장에 있는 붙임딱지를 붙여보세요.

우산

윤석중

이슬비^① 내리는 이른 아침^②에

우산 셋이 나란히^③ 걸어갑니다

파란 우산 검정 우산 찢어진 우산

좁다란^④ 학굣길^⑤에 우산 세 개가

이마를 마주 대고^⑥ 걸어갑니다

🔊 인터넷으로 동요를 들어보세요. 검색창 [우산 동요 🔍]

 ① **이슬비**: 이슬처럼 아주 약한 비   ② **이른 아침**: 아침 일찍
③ **나란히**: 줄을 잘 맞춰서   ④ **좁다란**: 좁은
⑤ **학굣길**: 학교 가는 길   ⑥ **마주 대고**: 서로 닿은 채로

1 이 노랫말은 무엇을 보고 썼을까요? 알맞은 것에 ◯표를 해 보세요.

우산   이마   학교

2 이 노래에서 우산을 쓴 사람들은 어디로 가는 길인가요?

3 이 노래에 나오는 우산에 모두 ◯표를 해 보세요.

➡ 문제를 다 풀고 맨 뒷장에 있는 붙임딱지를 붙여보세요.

스스로 붙임딱지

⏰ 시간 끝난 시간 [ ] 시 [ ] 분   채점 3문제 중 [ ] 개 맞았어요

3 일차
글의 내용 확인하기

QR코드를 찍으면 지문 읽기를 들을 수 있어요 ▼

공부한날　　년　　월　　일
시작 시간　　시　　분

독해력 시작단계 03회

나의 꿈

내 꿈은 우주 **비행사**①입니다.

우주 비행사가 되어서 **우주선**②을 타고 우주에 가 보고 싶습니다.

밤하늘의 별에 무엇이 있는지 알고 싶기 때문입니다.

미래③에 꼭 우주 비행사가 되어서 여러분에게

우주에 무엇이 있는지 알려드리겠습니다.

낱말 배우기
① **우주 비행사**: 우주선을 타고 우주를 연구하는 사람
② **우주선**: 우주로 갈 수 있는 기계
③ **미래**: 앞으로 올 날

1 글을 쓴 친구가 가고 싶어 하는 곳에 ◯표를 해 보세요.

(   )   (   )

2 글을 쓴 친구의 꿈은 무엇인지 빈칸에 알맞게 써 보세요.

3 글을 쓴 친구는 왜 우주에 가고 싶다고 했나요? 빈칸에 들어갈 말을 이 글에서 찾아서 써 보세요.

➡ 밤하늘의 ⬜ 에 무엇이 있는지 알고 싶기 때문입니다.

➡ 문제를 다 풀고 맨 뒷장에 있는 붙임딱지를 붙여보세요.

4 일차

이야기 읽고 이해하기

QR코드를 찍으면 지문 읽기를 들을 수 있어요 ▼

공부한날 □ 년 □ 월 □ 일

시작 시간 □ 시 □ 분

독해력 시작단계 04회

토끼의 재판

어느 날 한 **나그네**^①가 길을 가고 있었습니다.

나그네는 산길에서 사냥꾼이 파 둔 **함정**^②에 빠진 호랑이를 보았습니다.

"나그네님, 나그네님! 제발 저를 함정에서 꺼내 주세요.

꺼내 주지 않으면 곧 사냥꾼들이 절 잡아갈 거예요."

"알겠다. 내가 구해 주마."

마음씨^③ 착한 나그네는 호랑이를 구해 주었습니다.

낱말 배우기 ① **나그네**: 여기저기 여행하는 사람
② **함정**: 짐승을 잡기 위하여 땅바닥에 파 놓은 구덩이
③ **마음씨**: 마음을 쓰는 모양

그런데 호랑이는 함정에서 나오자마자 나그네를 잡아먹으려 했습니다.

"바보 같은 인간 같으니. 너를 잡아먹어야겠다!"

"이럴 수가! **약속**^①하고 다르지 않느냐?"

"하지만 배가 고픈 걸 어떡해? 배고픈 호랑이가 사람을 잡아먹는 건 **죄**^②가 되지 않아!"

"그런 **억지**^③가 어디 있는가?"

"억지라니? 누가 그걸 억지라고 하겠어?"

그러자 나그네가 말했습니다.

"억지인지 아닌지 지나가는 아무에게나 물어보기로 하자."

"좋다."

낱말 배우기 ① **약속**: 앞으로 어떻게 할 것인지 미리 정하는 것
② **죄**: 법 또는 착한 마음에서 어긋나는 잘못
③ **억지**: 말도 안 되는 일을 우기는 고집

그때 **마침**^① 토끼가 지나가고 있었습니다.

호랑이와 나그네는 토끼에게 지금까지 일어난 일을 말해 주었습니다.

이야기를 다 들은 토끼가 말했습니다.

"이야기만 들어서는 알 수가 없군요.

호랑이님, 방금 전 그대로 함정에 들어가 보시겠어요?"

호랑이는 다시 그 함정에 들어갔습니다.

그러자 토끼가 말했습니다.

"나그네님, 지금이에요! 얼른 떠나세요.

저 호랑이는 원래 **심술**^②이 많은 호랑이랍니다."

나그네는 토끼에게 고맙다는 인사를 하고 도망갔습니다.

그리고 심술 많은 호랑이는 계속 갇혀 있게 되었답니다.

낱말배우기 ① **마침**: 필요했는데 딱 알맞게
② **심술**: 남을 괴롭히려는 마음

1 나그네가 호랑이를 처음 만났을 때 호랑이의 모습은 어떠했나요?
알맞은 그림에 ◯표를 해 보세요.

(   )   (   )

2 "바보 같은 인간 같으니. 너를 잡아먹어야겠다!"라는 말은 이 이야기
속에서 누가 한 말인가요? ◯표 해 보세요.

나그네   호랑이   토끼

3 토끼는 왜 호랑이에게 다시 함정에 들어가 보라고 했을까요? 다음 중
알맞은 것을 고르세요. ·· (   )

① 나그네를 구해주기 위해서

② 호랑이를 도와주기 위해서

➜ 문제를 다 풀고 맨 뒷장에 있는 붙임딱지를 붙여보세요.

스스로 붙임딱지

시간 끝난 시간 [   ] 시 [   ] 분   채점 3문제 중 [   ] 개 맞았어요

정보를 글로 읽어 보기

개미는 **몸집**①이 작아요. 하지만 개미는 생각보다 힘이 센 동물이에요.

자기 몸보다 훨씬 크고 무거운 것도 **거뜬히**② 들어 올릴 수 있거든요.

개미는 특히 **먹이**③를 나를 때 힘이 세답니다.

여러분은 친구를 번쩍 들어 올릴 수 있는 힘이 있나요?

개미는 마음만 먹으면 한 번에 개미 50마리까지의 무게도 들어 올릴

수 있답니다.

어때요, 개미는 **천하장사**④처럼 힘이 세지요?

 ① **몸집**: 몸의 크기
② **거뜬히**: 쉽게
③ **먹이**: 동물이 살아가려고 먹는 것
④ **천하장사**: 세상에서 가장 힘이 센 사람

1 이 글의 제목이 들어갈 칸이 비어 있어요. 이 글의 제목으로 알맞은 것에 ○표를 해 보세요.

세상에서 몸집이 가장 큰 동물	다리 길이에 비해 달리기가 빠른 동물	몸집에 비해 힘이 센 동물
(　　)	(　　)	(　　)

2 개미가 특히 힘이 세질 때는 언제인지 빈칸에 알맞은 말을 써 보세요.

☐☐ 를 나를 때

3 다음 중 개미 한 마리가 한 번에 들어올릴 수 있는 먹이는 무엇인가요? 알맞은 것에 ○표를 해 보세요.

개미 20마리 무게의 딸기	개미 60마리 무게의 배	개미 100마리 무게의 수박
(　　)	(　　)	(　　)

➜ 문제를 다 풀고 맨 뒷장에 있는 붙임딱지를 붙여보세요.

스스로 붙임딱지

 시간 끝난 시간 ☐시 ☐분　 채점 3문제 중 ☐개 맞았어요

우주 비행사들은 왜 두꺼운 옷과 헬멧을 쓸까?

우주는 지구와 다르게 사람이 살 수 없는 곳이에요.
우주복은 우주 비행사가 안전하게 우주를 탐사할 수 있게 해주는
여러 가지 장치가 달려 있기 때문에 두껍고 무겁지요.

산소통
우주에는
공기가 없기 때문에
숨을 쉴 수 없어요.
우주복에는 우주 비행사에게
산소를 주는 산소통이
달려 있지요.

헬멧
우주에서 보는 햇빛은
무척 눈부시기 때문에 우주 비행사는
꼭 헬멧을 써야 합니다.

튼튼한 우주복
우주에는 위험한 것들이 많아요.
우주복이 튼튼하지 않으면
우주 비행사가 다칠 수도 있어요.

두꺼운 우주복
우주는 햇빛이 들면 무척 덥고,
햇빛이 없으면 무척 춥습니다.
우주 비행사의 체온을 유지하기 위해선
우주복이 두꺼워야 해요.

탐사: 잘 모르는 것을 알아보는 일   **장치:** 어떤 일을 하도록 만들어진 기계
산소: 공기 중에서 숨을 쉬는 데 필요한 공기   **체온:** 몸의 온도

2주차
중심 생각 찾기

회차	글의 종류	학습내용	공부한 날
6일차	설명하는 글	**중심 소재 찾기** 설명하는 글을 읽고 글에서 가장 중요하게 다루는 내용을 찾아 보세요.	년 월 일
7일차	동요	**중심 글감 찾기** 동요에서 주된 글감이 무엇인지 알고 그 글감을 찾는 방법을 공부해 보세요.	년 월 일
8일차	안내문	**글의 목적 찾기** 주변에서 흔히 볼 수 있는 안내문을 읽고 그 글이 쓰인 목적을 찾아 보세요.	년 월 일
9일차	이야기	**주제 찾기** 이야기를 읽고 이야기의 주제를 찾아보는 연습을 해 보세요.	년 월 일
10일차	지식 글	**중심 내용 찾기** 여러 정보가 담긴 글에서 가장 중요하게 다루는 내용을 찾아 보세요.	년 월 일

중심 소재 찾기

강아지 얼굴 종이접기

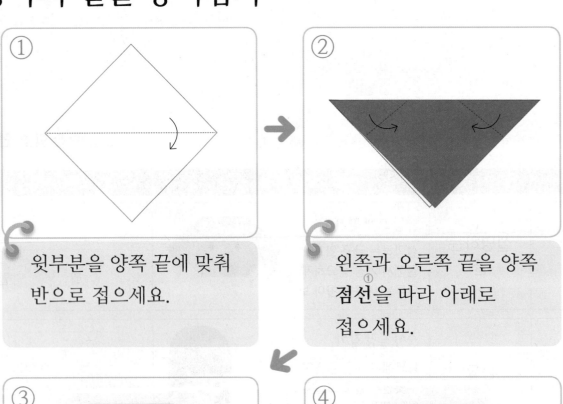

① 윗부분을 양쪽 끝에 맞춰 반으로 접으세요.

② 왼쪽과 오른쪽 끝을 양쪽
점선①을 따라 아래로
접으세요.

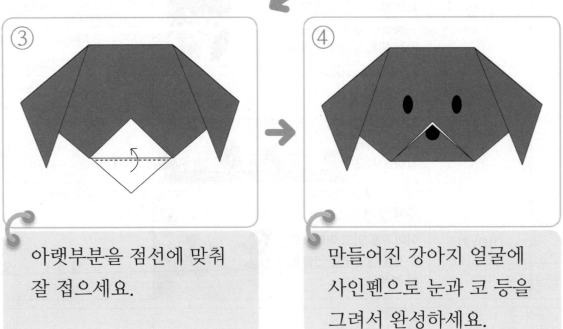

③ 아랫부분을 점선에 맞춰 잘 접으세요.

④ 만들어진 강아지 얼굴에 사인펜으로 눈과 코 등을 그려서 완성하세요.

낱 말 배 우 기 ① **점선**: 점으로 이루어진 선

1 이 글은 종이접기로 무엇을 만드는 방법을 설명하고 있나요?

 의 얼굴

2 이 종이접기 설명을 읽었을 때, '점선'은 무엇을 뜻하는지 짐작한 다음 알맞은 것을 골라 보세요. ·· (　　　　)

① 따라서 접는 선

② 따라서 자르는 선

③ 따라서 그리는 선

3 마지막 순서의 설명을 보고 강아지 얼굴을 직접 완성해 보세요.

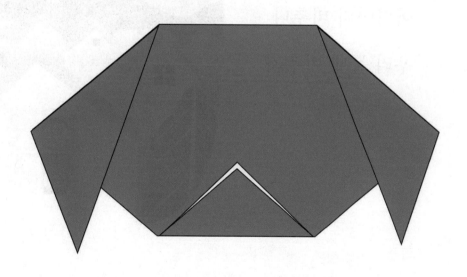

➡ 문제를 다 풀고 맨 뒷장에 있는 붙임딱지를 붙여보세요.

스스로 붙임딱지

시간 끝난 시간 [　　] 시 [　　] 분　　채점 3문제 중 [　　] 개 맞았어요

달

윤석중

달 달 무슨 달
쟁반①같이 둥근 달
어디어디 떴나
동산 위에 떴지

달 달 무슨 달
해와 같이 밝은 달
어디어디 **비추나**②
우리 동네 비추지

낱말 배우기 ① **쟁반**: 그릇을 담는 넓고 판판한 물건 ➡
② **비추나**: 빛으로 밝게 하나

해설편 2쪽

1 이 노래는 무엇을 보며 부른 노래일까요?

해　　　달　　　구름　　　별

2 이 노래에서 왜 달이 해와 같다고 했나요? 알맞은 대답에 ◯표를 해 보세요.

달이 무척 밝았기 때문입니다.

(　　　)

달이 낮에 떴기 때문입니다.

(　　　)

3 이 노래에 나오는 달의 모양으로 알맞은 것에 ◯표를 해 보세요.

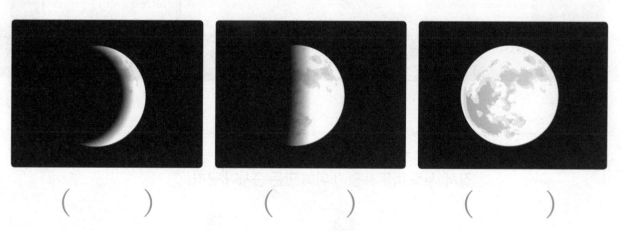

(　　　)　　　　(　　　)　　　　(　　　)

➜ 문제를 다 풀고 맨 뒷장에 있는 붙임딱지를 붙여보세요.

스스로 붙임딱지

⏰ 시간 끝난 시간 [　　]시 [　　]분　　　채점 3문제 중 [　　]개 맞았어요

8 일차
글의 목적 찾기

놀이터에서 지킬 일

1. **차례차례**① **질서**②를 지키며 놀이 기구를 타요.

2. 다치지 않도록 안전하게 놀이 기구를 타요.

3. 쓰레기는 쓰레기통에 버려요.

※ 안전하고 깨끗한 놀이터를 위해 함께 지켜요.

낱말 배우기 ① **차례차례**: 순서대로
② **질서**: 서로 다투지 않기 위해 만든 순서나 규칙

1 이 글은 어떤 장소에서 볼 수 있을까요? 알맞은 곳에 ◯표를 해 보세요.

(   )   (   )   (   )

2 다음 중 놀이터에서 지켜야 할 행동은 무엇인가요? ········· (   )

① 차례차례 줄을 서서 놀이 기구 타기

② 쓰레기를 아무 곳에나 버리기

3 놀이터에 이 글은 왜 있어야 할까요? 알맞은 대답에 ◯표를 해 보세요.

모두가 함께 놀이터에서 안전하고 깨끗하게 놀 수 있도록 하기 위해서	너무 많은 사람들이 놀이터에서 놀 수 없게 하기 위해서
( )	( )

➡ 문제를 다 풀고 맨 뒷장에 있는 붙임딱지를 붙여보세요.

스스로 붙임딱지

 시간 끝난 시각 ☐ 시 ☐ 분   채점 3문제 중 ☐ 개 맞았어요

9 일차
주제 찾기

QR코드를 찍으면 지문 읽기를 들을 수 있어요 ▼

공부한날   년   월   일

시작 시간   시   분

독해력 시작단계 09회

금도끼 은도끼

옛날 어느 마을에 **마음씨 착한**[①] 나무꾼이 살고 있었어요.

어느 날 나무꾼은 도끼로 열심히 **나무를 하고**[②] 있었어요.

"으쌰! 으쌰!"

그러다가 나무꾼은 그만 도끼를 놓쳐 버리고

말았어요.

"풍덩!"

도끼가 연못에 빠져버렸어요.

낱말 배우기
① **마음씨 착한**: 마음이 착한
② **나무를 하고**: 나무를 도끼나 톱으로 자르고

"아이고, 이를 어쩌면 좋담.

이 도끼가 없으면 더 이상 나무를 하지 못하는데……."

나무꾼은 연못에 손을 넣어 도끼를 찾기 시작했어요.

하지만 연못이 너무 깊어서 도끼를 찾을 수가 없었어요.

"이거 정말 큰일이구나, 엉엉엉."

나무꾼이 연못 앞에서 울면서 속상해하고 있자 갑자기 연못에서

산신령이 나타났어요.

낱말 배우기 ① **이를 어쩌면 좋담**: 이 일을 어떻게 해야 할지 모르겠다
② **산신령**: 산을 지키는 신

"**어째서**^① 울고 있느냐?"

"도끼를 연못에 빠뜨리고 말았습니다."

"그렇구나. 그렇다면 이 금도끼가 너의 것이냐?"

"아닙니다."

"그러면 이 은도끼가 너의 것이냐?"

"아닙니다. 제 도끼는 쇠로 만든 도끼입니다."

"정말 **정직한**^② 사람이로구나.

상으로 너에게 금도끼와 은도끼까지 모두 주겠다."

"감사합니다!"

나무꾼은 산신령이 준 도끼를 모두 받았어요.

(낱)(말) (배)(우)(기) ① **어째서**: 어떤 까닭 때문에(= 왜)
② **정직한**: 거짓말을 하지 않으며 바르게 사는

1 나무꾼이 도끼를 빠뜨린 곳에 ◯표를 해 보세요.

(   )   (   )

2 나무꾼이 산신령에게 선물로 받은 것에 모두 ◯표를 해 보세요.

> 금도끼   은도끼   나무   물고기

3 이 이야기를 다 읽고 난 다음 어떤 생각을 할 수 있을까요? 다음 중 가장 어울리는 생각에 ◯표를 해 보세요.

| 나무꾼이 정직하게 행동해서 선물을 받았구나 | 나무꾼이 약속을 잘 지켜서 선물을 받았구나 | 나무꾼이 욕심이 많아서 선물을 받지 못했구나 |

(   )   (   )   (   )

➡ 문제를 다 풀고 맨 뒷장에 있는 붙임딱지를 붙여보세요.

스스로 붙임딱지

 시간 끝난 시간 [   ] 시 [   ] 분   채점 3문제 중 [   ] 개 맞았어요

10 일차
중심 내용 찾기

공부한날 [ ] 년 [ ] 월 [ ] 일
시작 시간 [ ] 시 [ ] 분

QR코드를 찍으면 지문 읽기를 들을 수 있어요 ▼

독해력 시작단계 10회

암행어사

아주 오랜 옛날이었어요. 서울에 살던 임금님은 시골에 있는 **관리**[①]들이 일을 잘하고 있는지 궁금했어요. 하지만 옛날에는 지금처럼 전화나 인터넷이 없었어요. 그래서 사람을 대신 보냈어요. 그 사람이 바로 암행어사였어요.

암행어사는 **허름한**[②] 옷을 입었어요. 그래서 사람들은 그 사람이 암행어사인 줄은 꿈에도 생각하지 못했지요. 암행어사는 시골에 있는 관리들의 잘한 일과 잘못한 일을 **조사**[③]했어요. 그런 다음 그 사실을 임금님께 알렸어요. 그 이야기를 들은 임금님은 일을 잘한 관리에게 상을 주었어요. 반대로 잘못한 관리에게는 벌을 주었어요.

낱말 배우기 ① **관리**: 임금님을 대신해 그 동네를 다스리는 사람
② **허름한**: 오래되어 낡은 ③ **조사**: 어떤 사실을 알아내려고 꼼꼼히 들여다보는 것

1 이 글은 무엇을 설명하기 위해 쓴 글일까요?

임금님   암행어사   관리

2 암행어사는 무슨 일을 하는 사람이었나요? ○표를 해 보세요.

시골에 있는 관리들이
일을 잘하고 있는지
임금님 대신 조사하는 사람

(   )

임금님을 대신해
그 동네를 다스리는 사람

(   )

3 암행어사가 임금님께 보고를 하고 있습니다. 임금님 말에 들어갈
알맞은 낱말을 이 글에서 찾아 빈칸에 써 보세요.

전하, 강원도의
관리는 일을
아주 잘하고
있었나이다.

그래! 강원도 관리에게

[   ] 을 주겠노라!

➜ 문제를 다 풀고 맨 뒷장에 있는 붙임딱지를 붙여보세요.

시간 끝난 시각 [   ] 시 [   ] 분   채점 3문제 중 [   ] 개 맞았어요

✏️ 그림에 어울리는 낱말을 찾아 선으로 이어 보세요.

해설편 2쪽

도끼

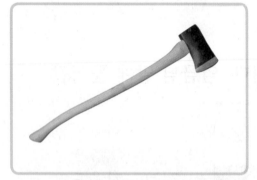

차례차례

쟁반

연못

누가 · 언제 · 어디에서

회차	글의 종류	학습내용	공부한 날
11일차	짧은 글	**말하는 이 찾기** 짧은 글을 읽고 글에서 말하는 이가 누구인지 알아보세요.	년 월 일
12일차	동시	**글의 배경 찾기** 계절을 바탕으로 쓴 동시입니다. 동시에서 계절의 풍경이 어떻게 묘사되었는지 알아보세요.	년 월 일
13일차	알림 글	**장소와 시간 찾기** 알림 글을 읽고 글에서 알리고자 하는 행사에 대한 정보를 읽어 보세요.	년 월 일
14일차	이야기	**인물에게 일어난 일 찾기** 글을 읽고 이야기에서 등장하는 인물들에게 일어난 일이 무엇인지 알아보세요.	년 월 일
15일차	이야기	**인물의 마음 알아보기** 이야기를 읽고 주인공의 마음이 어떤지 읽어내는 연습을 해 보세요.	년 월 일

11 일차
말하는 이 찾기

QR코드를 찍으면 지문 읽기를 들을 수 있어요 ▼

공부한날 [ ] 년 [ ] 월 [ ] 일

시작 시간 [ ] 시 [ ] 분

독해력 시작단계 11회

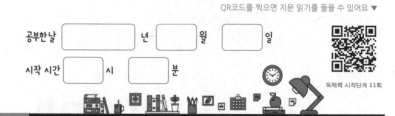

새싹의 이야기

안녕? 나는 새싹이야. 내가 잘 자라려면 친구들의 도움이 필요하단다.

먼저 해가 필요해. 해는 내가 따뜻하게 지내도록 도와줘.

흙도 필요해. 흙은 내 뿌리를 잘 **지탱해 줘**①. 또한 내가 잘 자랄 수 있게 **양분**②도 준단다.

물도 꼭 필요한 친구야. 물은 내가 목이 마르지 않게 해주지.

공기도 아주 중요한 **역할**③을 해. 공기는 내가 숨쉴 수 있게 해줘.

해, 흙, 물, 공기 중 단 하나라도 없으면 나는 잘 자랄 수 없어. 이제 내가 어떻게 잘 자랄 수 있는지 알겠지?

낱말 배우기 ① **지탱해 줘**: 쓰러지지 않게 받쳐 줘
② **양분**: 생물이 살아가는 데 필요한 물질
③ **역할**: 맡은 일

1 이 글에서 '나'는 누구일까요? 알맞은 것에 ◯표를 해 보세요.

2 이 글은 어떤 이야기를 하고 있나요?

➡ ☐ ☐ 이 잘 자라는 데 필요한 친구들에 대해 이야기를

하고 있습니다.

3  새싹에게 필요한 친구들과 그 역할을 알맞게 선으로 이어 보세요.

해 •	• 새싹이 숨쉴 수 있게 합니다.
흙 •	• 뿌리를 지탱하고 필요한 양분을 줍니다.
물 •	• 새싹이 따뜻하게 지낼 수 있게 합니다.
공기 •	• 새싹이 목마르지 않게 해줍니다.

➡ 문제를 다 풀고 맨 뒷장에 있는 붙임딱지를 붙여보세요.

 시간 끝난 시간 ☐ 시 ☐ 분   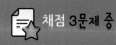 채점 3문제 중 ☐ 개 맞았어요

12 일차
글의 배경 찾기

QR코드를 찍으면 지문 읽기를 들을 수 있어요 ▼

공부한날 [ ]년 [ ]월 [ ]일
시작 시간 [ ]시 [ ]분

독해력 시작단계 12회

봄

윤동주

우리 아기는

아래 **발치**①에서 코올코올

고양이는

부뚜막②에서 가릉가릉

아기 바람이

나뭇가지에 소올소올

아저씨 해님이

하늘 한가운데서 째앵째앵

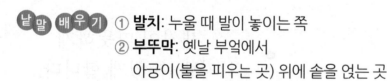 ① **발치**: 누울 때 발이 놓이는 쪽
② **부뚜막**: 옛날 부엌에서
아궁이(불을 피우는 곳) 위에 솥을 얹는 곳

1 이 시는 어느 계절의 모습을 보고 썼을까요? ◯표를 해 보세요.

> 봄　　　여름　　　가을　　　겨울

2 아기는 무엇을 하고 있나요? 알맞은 것을 고르세요. ········ (　　　)

① 낮잠을 자고 있습니다.

② 나뭇가지를 가지고 놀고 있습니다.

③ 고양이와 함께 장난을 치고 있습니다.

3 다음은 이 시의 한 장면을 그린 그림입니다. 이 그림의 내용에
알맞도록 빈칸을 채워 문장을 완성해 보세요.

➔ 　　　　　　　　　　가 부뚜막에서 가릉가릉 소리를 내며

자고 있어요.

➔ 문제를 다 풀고 맨 뒷장에 있는 붙임딱지를 붙여보세요.

스스로 붙임딱지

 시간 끝난 시간 [　　] 시 [　　] 분 채점 3문제 중 [　　] 개 맞았어요

QR코드를 찍으면 지문 읽기를 들을 수 있어요 ▼

13 일차
장소와 시간 찾기

공부한날 [ ] 년 [ ] 월 [ ] 일

시작 시간 [ ] 시 [ ] 분

독해력 시작단계 13회

나눔 장터① 안내문②

안녕하세요? 내일은 나눔 장터를 하는 날입니다.

내일 다 함께 나눔 장터에서 나눔의 즐거움을 느껴 보아요!

날짜 11월 2일 금요일   **장소** 운동장

준비물 나눌 물건 3개

 ① **나눔 장터**: 나누고 싶은 물건을 가져와 팔기도 하고 살 수도 있는 장터

② **안내문**: 어떤 일이나 장소에 대해 알려주는 글

1 나눔 장터가 열리는 장소에 ◯표를 해 보세요.

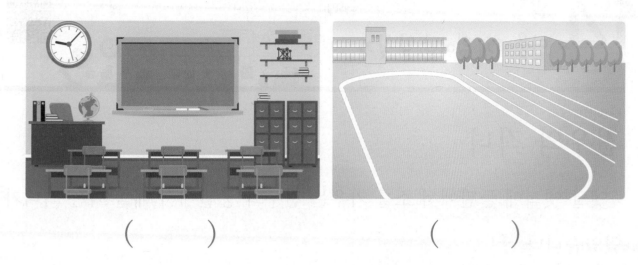

( ) ( )

2 나눔 장터는 언제 열리나요? 아래에 있는 달력에 ◯표를 해 보세요.

11월

일	월	화	수	목	금	토
				1	2	3
4	5	6	7	8	9	10

3 나눔 장터에 가려면 무엇을 준비해야 할까요? ·············· ( )

① 나눌 물건 3개

② 함께 먹을 음식

➜ 문제를 다 풀고 맨 뒷장에 있는 붙임딱지를 붙여보세요.

스스로 붙임딱지

시간 끝난 시간 [ ]시 [ ]분   채점 3문제 중 [ ]개 맞았어요

14 일차

인물에게 일어난 일 찾기

QR코드를 찍으면 지문 읽기를 들을 수 있어요 ▼

공부한날 [ ]년 [ ]월 [ ]일

시작 시간 [ ]시 [ ]분

독해력 시작단계 14회

견우와 직녀

옛날 옛적에 들판에서 소를 키우는 견우와 궁궐에서 베를 짜는 직녀가 있었습니다.

하루는 견우가 임금님께 소를 바치기 위해 궁궐에 갔습니다. 궁궐에서 견우와 직녀는 **우연히**① 마주쳤고 서로 첫눈에 반해 사랑에 빠졌습니다. 그 날 이후로 두 사람은 일은 하지 않고 매일같이 만나며 시간을 보냈습니다.

낱말 배우기 ① **우연히**: 뜻하지 않고 저절로

이를 지켜본 **옥황상제**[①]는 매일 만나서 같이 놀기만 하고 일을 하지

않는 두 사람에게 크게 화가 났습니다. 그래서 견우와 직녀를 각각

하늘의 동쪽 끝과 서쪽 끝으로 보내 버렸습니다. 두 사람은 너무 슬퍼서

크게 울었습니다.

그러자 이를 불쌍히 여긴 옥황상제는 일 년에 하루만 두 사람의

만남을 허락했습니다. 그날은 바로 **음력**[②] 7월 7일, 즉 칠석날이었습니다.

낱말 배우기

① **옥황상제**: 하늘에서 세상을 다스리는 신

② **음력**: 달을 이용해 날짜를 세는 방법.
   우리가 요즘 쓰는 날짜는 태양의
   움직임을 보고 세고 있습니다.
   이것을 '태양'에서 '양'이란 글자를
   가져와 '양력'이라고 부릅니다.

2024년 2월 달력						
	일	월	화	수	목	금	토
양력달력					1	2	3
음력달력					12.22	12.23	12.24
양력달력	4	5	6	7	8	9	10
음력달력	12.25	12.26	12.27	12.28	12.29	12.30	1.1

하지만 옛날에는 달의 모양이 바뀌는 것을 보고 날짜를 셌습니다. 우리가
알고 있는 설날도 음력 1월 1일이랍니다.

드디어 칠석날이 되었습니다. 하지만 **은하수**^①가 가로막고 있어서 두 사람은 서로 바라볼 수만 있을 뿐 만날 수가 없었습니다. 두 사람은 울기 시작했습니다. 너무 많이 울어서 땅 위에 큰 비가 내렸습니다.

그러자 까마귀들과 까치들이 하늘로 날아올라가 은하수 위로 모였습니다. 견우와 직녀가 은하수를 건널 수 있도록 다리가 되어 준 것이었습니다.

낱말 배우기 ① **은하수**: 은하(하늘에 떠 있는 별들의 모임)를 강처럼 표현한 것

견우와 직녀 사이에 별들이 강처럼 떠 있는 것을 **은하수**라고 합니다.

1 옥황상제가 견우와 직녀를 만나지 못하게 한 까닭은 무엇인가요?

·· ( )

① 두 사람이 일은 안 하고 매일 만나기만 해서

② 견우가 해야 할 일을 직녀가 대신 해줘서

2 견우와 직녀가 일 년에 한 번 만나는 날짜는 언제인가요?

음력 ☐ 월 7일

3 견우와 직녀가 은하수 위를 건널 수 있도록 다리가 되어 준 두 동물은 무엇과 무엇인가요? 모두 ◯표를 해 보세요.

| 까치 | 까마귀 | 비둘기 | 닭 |

➜ 문제를 다 풀고 맨 뒷장에 있는 붙임딱지를 붙여보세요.

스스로 붙임딱지

시간 끝난 시간 ☐ 시 ☐ 분   채점 3문제 중 ☐ 개 맞았어요

15 일차
인물의 마음 알아보기

QR코드를 찍으면 지문 읽기를 들을 수 있어요 ▼

공부한날 □년 □월 □일
시작 시간 □시 □분

독해력 시작단계 15회

미안해, 풀리야.

"풀리야, 풀리야! 어디 있니?"

풀리는 지원이가 기르는 작은 강아지예요. 학교를 마치고 지원이는 풀리와 **공원**①으로 **산책**②을 갔어요. 그런데 지원이가 친구들과 인사하는 사이에 **목줄**③을 놓쳐서 풀리가 없어졌어요.

"풀리야, 미안해. 목줄을 잘 잡고 있어야 했는데……."

지원이의 눈에서는 눈물이 나왔어요. 풀리가 길을 잃어버린 것 같아 **걱정**④이 됐기 때문이에요. 그때였어요.

"멍멍!"

풀리가 지원이에게 꼬리를 흔들며 달려오고 있었어요.

"풀리야! **다행이야**⑤.

앞으로는 널 잃어버리지 않을게!"

낱말 배우기 ① **공원**: 여러 사람들이 쉴 수 있도록 잔디밭, 놀이터 등을 갖춰 둔 곳
② **산책**: 바람을 쐬거나 운동을 하려고 가볍게 걷는 일
③ **목줄**: 개가 함부로 돌아다니지 못하도록 목에 매는 줄
④ **걱정**: 일이 잘못될까 봐 마음이 편하지 않은 느낌
⑤ **다행이야**: 걱정거리가 사라져서 마음이 편해졌어

1 이 이야기는 어디에서 일어난 일인가요? ◯표를 해 보세요.

(   )   (   )

3주
15
일
차

해
설
편
3
쪽

2 풀리가 보이지 않자 지원이가 눈물을 흘린 까닭은 무엇인가요? ·················· (   )

① 풀리가 길을 잃어버린 것 같아 걱정이 돼서

② 눈에 먼지가 들어가는 바람에 눈이 따가워서

3 지원이가 한 말과 그 때의 마음을 선으로 이어 보세요.

> 목줄을 잘 잡고
> 있어야 했는데…….

•   •

> 다행스러운 마음

> 앞으로는 널
> 잃어버리지 않을게!

•   •

> 미안한 마음

➜ 문제를 다 풀고 맨 뒷장에 있는 붙임딱지를 붙여보세요.

스스로 붙임딱지

 시간 끝난 시간 [   ] 시 [   ] 분   채점 3문제 중 [   ] 개 맞았어요

어휘복습

한 주 동안 공부했던 글에서 꼭 알아야 할 낱말을 한 번 더 공부해 볼까요?

 그림에 어울리는 낱말을 찾아 선으로 이어 보세요.

해설편 3쪽

새싹

부뚜막

운동장

공원

4주차
글을 자세히 읽기

회차	글의 종류	학습내용	공부한 날
16일차	짧은 글	**세부 내용 찾기** 글 안의 세부적인 내용을 찾는 회차입니다. 글을 꼼꼼히 읽고 글에서 설명하는 대상을 찾아 보세요.	년 월 일
17일차	동시	**시의 내용 읽기** 시를 읽고 시의 내용을 잘 파악했는지 확인해 보세요.	년 월 일
18일차	일기	**일어난 일 찾기** 일기를 읽으면서 어떤 일이 어떤 순서로 일어났는지 읽어 보는 연습을 해 보세요.	년 월 일
19일차	이야기	**이야기 내용 확인하기** 이야기를 읽고 난 후 글의 전체적인 내용을 파악하고 정리해 보세요	년 월 일
20일차	정보 글	**읽은 정보 확인하기** 정보를 주는 글을 읽고 자신이 읽은 정보를 확인해 보세요.	년 월 일

QR코드를 찍으면 지문 읽기를 들을 수 있어요 ▼

16 일차
세부 내용 찾기

공부한날 ☐ 년 ☐ 월 ☐ 일

시작 시간 ☐ 시 ☐ 분

독해력 시작단계 16회

나는 누구일까요?

나는 등에 밤송이처럼 뾰족한 가시가 있는 작은 동물입니다.

평소에는^① 가시를 세우지 않지만 **위험**^②을 느끼면 몸을 **웅크려**^③ 가시를 세웁니다.

가시는 연한 갈색이지만 몸에 가까워질수록 색이 짙어집니다.

빛을 싫어해서 낮보다는 밤을 좋아합니다.

하지만 추위에는 약합니다.

원래는 숲에서 살지만 요즘엔 집에서도 많이 키웁니다.

나는 누구일까요?

 ① **평소에는**: 그냥 있을 때에는

② **위험**: 다치거나 크게 해를 입는 일

③ **웅크려**: 몸을 둥글게 말아서

1 이 글에서 묻고 있는 동물에 대한 설명으로 알맞은 것에 ◯표를 해 보세요.

낮보다 밤을 좋아합니다.	추위에 강합니다.	집에서 키울 수 없습니다.
( )	( )	( )

2 이 글에서 묻고 있는 동물의 등에는 무엇이 있다고 했나요?

□ □

3 이 글에서 묻고 있는 동물에 ◯표를 해 보세요.

기린

코끼리

고슴도치

➔ 문제를 다 풀고 맨 뒷장에 있는 붙임딱지를 붙여보세요.

스스로 붙임딱지

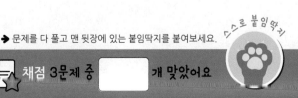
시간 끝난 시간 [ ]시 [ ]분   채점 3문제 중 [ ]개 맞았어요

17 일차
시의 내용 읽기

QR코드를 찍으면 지문 읽기를 들을 수 있어요 ▼

공부한날 [ ] 년 [ ] 월 [ ] 일

시작 시간 [ ] 시 [ ] 분

독해력 시작단계 17회

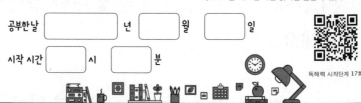

크고 싶은 아이

이해인

비 오는 날 아이가 창밖으로
얼굴을 쏘옥 내밉니다.

"아니, 얘가?
너 뭐 하는 거야?"
깜짝 놀라 달려온 엄마에게
아이는 웃으며 대답합니다.

"엄마, 나도 클 수 있는 거지?
나도 새싹처럼 비를 맞으면
더 빨리 클 수 있는 거지?"

1 이 시에 어울리는 날씨에 ○표를 해 보세요.

(   )   (   )

2 다음 말은 누가 했나요? 선으로 알맞게 이어 보세요.

| 너 뭐 하는 거야? | • | • | 아이 |

| 나도 클 수 있는 거지? | • | • | 엄마 |

3 이 시에서 아이는 비를 맞으면 더 빨리 클 수 있냐고 물었습니다.
무엇을 보고 그런 생각을 했을지 빈칸에 써 보세요.

➜ 비를 맞으면 잘 자라는 [ ] [ ] 을 보고

➜ 문제를 다 풀고 맨 뒷장에 있는 붙임딱지를 붙여보세요.

시간 끝난 시간 [ ] 시 [ ] 분   채점 3문제 중 [ ] 개 맞았어요

스스로 붙임딱지

QR코드를 찍으면 지문 읽기를 들을 수 있어요 ▼

18 일차
일어난 일 찾기

공부한날 [ ] 년 [ ] 월 [ ] 일
시작 시간 [ ] 시 [ ] 분

시작단계 18회 15쇄

2024 년 5 월 3 일 금 요일 　　　　날씨: 맑음

제목: 즐거운 운동회

　　오늘은 **운동회**①가 있는 날이었다. 먼저 우리 반은 줄다리기를 했다. 나는 온 힘을 다해 줄을 당겼다. 우리 사슴반이 코끼리반을 이겼다. 기분이 좋았다. 다음에는 공굴리기를 했다. 모두가 열심히 해서 선생님께 **칭찬**②을 받았다. 나도 친구들도 모두 기뻐했다. 마지막으로 이어달리기를 했다. 시원한 바람과 함께 달리니까 **상쾌한 기분**③이 들었다. 정말 신나는 하루였다.

낱말 배우기
① **운동회**: 많은 사람이 모여 여러 가지 운동 경기를 하는 것
② **칭찬**: 잘한 일을 잘했다고 말해주는 것　③ **상쾌한 기분**: 시원하고 깔끔한 기분

1

일기를 쓴 친구는 무슨 반인가요?

  <table>
    <tr><td>　</td><td>　</td><td>반</td></tr>
  </table>

2

글쓴이가 운동회에서 한 놀이의 순서대로 번호를 써 보세요.

(　　　)　　　　　(　　　)　　　　　(　　　)

3

다음 중 글쓴이네 반은 어떤 경기에서 코끼리 반을 이겼나요?

·· (　　　)

① 공굴리기

② 이어달리기

③ 줄다리기

➜ 문제를 다 풀고 맨 뒷장에 있는 붙임딱지를 붙여보세요.

스스로 붙임딱지

시간 끝난 시간 [　　]시 [　　]분　　채점 3문제 중 [　　]개 맞았어요

QR코드를 찍으면 지문 읽기를 들을 수 있어요 ▼

19 일차
이야기 내용 확인하기

공부한날 [ ] 년 [ ] 월 [ ] 일

시작 시간 [ ] 시 [ ] 분

독해력 시작단계 19회

삼 년 고개^①

옛날에 넘어지면 삼 년밖에 못 산다는 **전설**^②이 있는 고개가 있었습니다. 사람들은 이 고개를 '삼 년 고개'라고 불렀습니다. 고개를 넘을 때마다 넘어지지 않으려고 사람들은 엉금엉금 거북이 걸음을 걸었습니다.

그러던 어느 날, 한 할아버지가 삼 년 고개를 조심조심 넘고 있었습니다. 그런데 그만 **돌부리**^③에 걸려 넘어지고 말았습니다.

"아이고, 나는 이제 삼 년밖에 못 살겠구나."

할아버지는 앞으로 살날이 얼마 남지 않았다는 생각에 그만 병이 났습니다.

낱 말 배 우 기
① **고개**: 언덕
② **전설**: 옛날부터 사람들에게서 전하여 내려오는 이야기
③ **돌부리**: 땅 위로 돌멩이 한 부분이 튀어나온 것

다음 날, 어린 **손자**^①가 할아버지를 찾아왔습니다.

"할아버지, 어쩌다 병이 나신 거예요?"

"삼 년 고개에서 넘어졌단다. 살날이 얼마 남지 않았다고 생각하니 온몸에 힘이 하나도 없구나."

병이 든 할아버지를 보자 손자는 슬펐습니다. 그런데 손자에게 좋은 생각이 떠올랐습니다.

"에이, 할아버지. 그게 무슨 걱정이세요! 한 번 넘어지면 삼 년이니, 두 번 넘어지면 육 년, 세 번 넘어지면 구 년을 살 수 있는 거 아닌가요?"

"옳거니!"

손자의 말에 할아버지는 **무릎을 탁 쳤습니다**^②.

낱말 배우기 ① **손자**: 할아버지 자식의 자식
② **무릎을 탁 쳤습니다**: 좋은 생각에 기분이 몹시 좋아서 하는 행동

할아버지는 **곧장**^① 삼 년 고개로 달려가 구르기 시작했습니다.

"한 번에 삼 년, 열 번에 삼십 년이네! 넘어질수록 오래 사니, 어디 한번 굴러보세!"

할아버지는 계속해서 굴렀습니다. 마을 사람들이 그 **소식**^②을 듣고 모두 삼 년 고개에서 굴렀습니다. 그 뒤로 삼 년 고개는 조용한 날이 없었습니다.

무서운 전설의 삼 년 고개는 그 후로 **장수**^③ 고개가 되었다고 합니다.

낱말 배우기 ① **곧장**: 다른 곳에 들르지 않고 바로
② **소식**: 어떤 일을 알리는 것
③ **장수**: 오래 사는 것

1 사람들은 삼 년 고개에서 조심하느라 무엇처럼 행동했나요? 알맞은 동물에 ◯표를 해 보세요.

(   )   (   )   (   )

4주 19일차

해설편 4쪽

2 왜 '삼 년 고개'라는 이름이 붙여졌나요? .... (   )

① 다 넘는 데 삼 년이 걸리기 때문에

② 넘어지면 삼 년밖에 못 살기 때문에

③ 중간에 길을 잃으면 나오는 데 삼 년이 걸리기 때문에

3 삼 년 고개는 나중에 이름이 무엇으로 바뀌었나요?

☐ ☐ 고개

➜ 문제를 다 풀고 맨 뒷장에 있는 붙임딱지를 붙여보세요.

스스로 붙임딱지

시간 끝난 시간 ☐ 시 ☐ 분   채점 3문제 중 ☐ 개 맞았어요

20 일차
읽은 정보 확인하기

QR코드를 찍으면 지문 읽기를 들을 수 있어요 ▼

공부한날 [ ] 년 [ ] 월 [ ] 일
시작 시간 [ ] 시 [ ] 분

독해력 시작단계 20회

포메라니안

　작은 솜사탕같이 귀여운 포메라니안은 생김새와 다르게 사납습니다.
특히 자기보다 **몸집**①이 몇 배나 큰 개한테도 잘 짖습니다. 왜 그러는
걸까요?

　포메라니안은 **원래**② 썰매를 끌 정도로 큰 개였습니다. 그런데 영국
궁전③에서 데려다 기르면서 몸집을 점점 작게 만들었습니다. 작은 개가
보기에 더 귀여웠고, 궁전 안에서 키우기에도 좋았기 때문입니다.
하지만 큰 개였을 때의 사나운 **성격**④은 그대로 남았습니다.
아직도 자신이 몸집이 큰 개라고 생각하는 것이지요.
그래서 **겁**⑤도 없이 큰 개한테 짖는 것이라고 합니다.

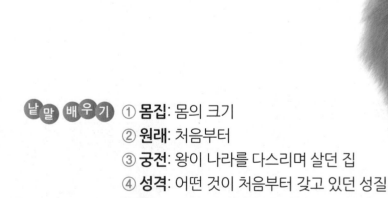

낱말 배우기
① **몸집**: 몸의 크기
② **원래**: 처음부터
③ **궁전**: 왕이 나라를 다스리며 살던 집
④ **성격**: 어떤 것이 처음부터 갖고 있던 성질
⑤ **겁**: 무서워하는 마음

1 이 글은 무엇에 대해 설명하고 있나요? ◯표를 해 보세요.

> 솜사탕   포메라니안   영국 궁전

2 이 글은 어떤 질문에 대한 대답일까요? ◯표를 해 보세요.

포메라니안의 털은 왜 하얀가요?	포메라니안은 왜 자기보다 큰 개한테 짖을까요?	포메라니안은 왜 썰매를 끌 정도로 힘이 센가요?
( )	( )	( )

3 다음은 포메라니안에 대한 설명입니다. 맞는 설명에 ◯표를, 잘못된 설명에는 ✕표를 해 보세요.

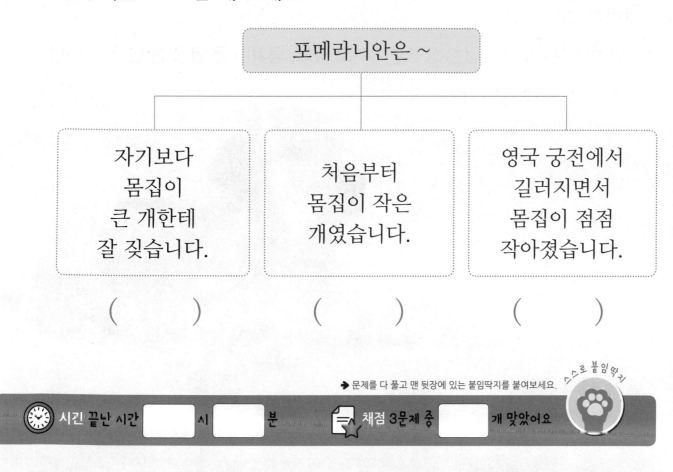

포메라니안은 ~

자기보다 몸집이 큰 개한테 잘 짖습니다.	처음부터 몸집이 작은 개였습니다.	영국 궁전에서 길러지면서 몸집이 점점 작아졌습니다.
( )	( )	( )

➜ 문제를 다 풀고 맨 뒷장에 있는 붙임딱지를 붙여보세요.

스스로 붙임딱지

시간 끝난 시간 [   ]시 [   ]분   채점 3문제 중 [   ]개 맞았어요

골든 리트리버

20일차에서 배운 포메라니안은 크기는 아주 작지만 사나운 개였습니다.

그런 포메라니안과는 상당히 반대인 개가 있습니다.

바로 골든 리트리버입니다. 골든 리트리버는 포메라니안과 달리 크기가 큰 개입니다.

하지만 성격은 매우 온순합니다. 99번을 참다가 100번째에 화를 낸다는 말이 있을 정도입니다. 그래서 말 그대로 '순둥이'라고 할 수 있지요.

이 '순둥이' 골든 리트리버는 그만큼 성격도 매우 좋아서 낯가림이 없습니다.

자신을 귀찮게 구는 어린 아이까지도 좋아하고, 아무리 귀찮게 굴어도 대부분 너그럽게 넘어가는 편입니다. 그러한 성격 때문에 시각 장애인들의 안내견으로 널리 쓰이는 개입니다.

하지만 생각보다 용감한 성격을 가지고 있고, 덩치가 큰 만큼 한 번 화가 나면 무서운 개라고도 합니다.

온순: 착하고 순함   낯가림: 부끄러워함
너그럽게: 착하게   안내: 길을 가는 것을 도와줌

5주차
낱말 이해하기

회차	글의 종류	학습 내용	공부한 날
21일차	짧은 글	**낱말 뜻 이해하기** 짧은 글을 읽고 글에 나오는 낱말들을 이해하며 글의 내용을 공부해 보세요.	년 월 일
22일차	동요	**흉내 내는 말 알아보기** 동요를 읽고 다양한 흉내 내는 말을 공부해 보세요.	년 월 일
23일차	놀이 글	**놀이로 낱말 알아보기** 글의 내용을 읽고 그 내용을 확인해 가며 문제를 풀어보세요.	년 월 일
24일차	이야기	**이야기에 쓰인 낱말 알아보기** 이야기를 읽고 글에 쓰인 낱말을 공부해 보세요.	년 월 일
25일차	지식 글	**글의 내용을 담은 낱말** 지식을 주는 짧은 글을 통해 글의 내용을 담은 낱말을 찾아 보세요.	년 월 일

21일차
낱말 뜻 이해하기

예측① 신호등

한 사람이 횡단보도를 건너고 있었어요. 갑자기 신호등 초록불이 빨간불로 바뀌었어요. 그 사람은 놀라서 **허둥지둥**② 뛰어서 길을 건넜지요.

며칠 뒤, 그 사람은 간판 불빛이 위에서 아래로 깜빡이는 것을 봤어요. 그러자 좋은 생각이 떠올랐어요.

'그래, 신호등 옆에 남은 시간을 보여주면 좋겠어!'

이렇게 그 사람은 남아 있는 시간을 알려주는 '예측 신호등'을 **발명**③ 했어요. 놀랍게도 이 신호등을 발명한 사람은 초등학교 6학년 어린이인 서대웅 학생이었어요. 서대웅 학생은 이 신호등으로 1999년 전국 학생 과학 발명품 대회에서 1등을 했답니다.

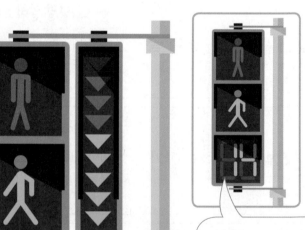

서대웅 학생이 발명한 예측 신호등의 모습

현재는 남은 시간을 보여주는 신호등으로 바뀐 것도 있어요.

낱말 배우기

① **예측**: 어떤 일이 일어날지 생각해 보는 것
② **허둥지둥**: 몹시 서두르는 모양을 흉내 낸 말
③ **발명**: 세상에 없던 것을 처음 만들어 내는 일

1 아래 그림에서 화살표가 가리키는 것의 이름을 빈칸에 써 보세요.

2 '예측 신호등'을 발명한 사람은 어떤 사람이었나요? ········ (   )

① 대학생　　　　　② 고등학생　　　　　③ 초등학생

3 아래 신호등의 이름은 '예측 신호등'입니다. 왜 그런 이름이
붙여졌을까요? 알맞은 까닭을 골라 보세요. ···················· (   )

① 신호등이 바뀔 시간을 미리 알려 주기 때문에

② 신호등이 커서 누구나 보기 쉽기 때문에

➜ 문제를 다 풀고 맨 뒷장에 있는 붙임딱지를 붙여보세요.

시간 끝난 시간 　　　시 　　　분　　　채점 3문제 중 　　　개 맞았어요

올챙이와 개구리

윤현진

개울가에① 올챙이 한 마리

꼬물꼬물 헤엄치다②

뒷다리가 쑤욱 앞다리가 쑤욱

팔딱팔딱 개구리 됐네

꼬물꼬물 꼬물꼬물 꼬물꼬물 올챙이가

뒷다리가 쑤욱 앞다리가 쑤욱

팔딱팔딱 개구리 됐네

낱말배우기 ① **개울가**: 골짜기나 들에 흐르는 작은 물
② **헤엄치다**: 물속에서 나아가기 위하여 팔다리나 지느러미를 움직이다

1 이 노래의 내용은 무엇인가요?

올챙이가 [ ] [ ] [ ] 로 자라는 모습

2 흉내 내는 말과 흉내 낸 모습을 선으로 알맞게 이어 보세요.

꼬물꼬물 •

팔딱팔딱 •

• 개구리가
뛰어다니는 모습

• 올챙이가
헤엄치는 모습

3 이 노랫말을 읽고 올챙이가 자라는 모습을 순서대로 ( ) 안에 번호를 써 보세요.

( )　　　　( )　　　　( )

➡ 문제를 다 풀고 맨 뒷장에 있는 붙임딱지를 붙여보세요.

스스로 붙임딱지

 시간 끝난 시간 [ ] 시 [ ] 분　　 채점 3문제 중 [ ] 개 맞았어요

23 일차
놀이로 낱말 알아보기

QR코드를 찍으면 지문 읽기를 들을 수 있어요 ▼

공부한날 [ ] 년 [ ] 월 [ ] 일
시작 시간 [ ] 시 [ ] 분

독해력 시작단계 23회

방 탈출 놀이

① 방을 **탈출**하기 위해선 문에 달린 **자물쇠**를 열어야 합니다.

② 먼저 **칠판**에 쓰인 글을 읽어 보세요.

③ 칠판에 있는 글의 '배'와 같은 뜻의 배가 그려진 **액자**를 찾으세요.

④ 그 액자 뒤에 자물쇠를 열 수 있는 **열쇠**가 있습니다.
   (액자는 하나만 뒤집을 수 있습니다.)

   ※ 10분 안에 탈출해야 합니다.

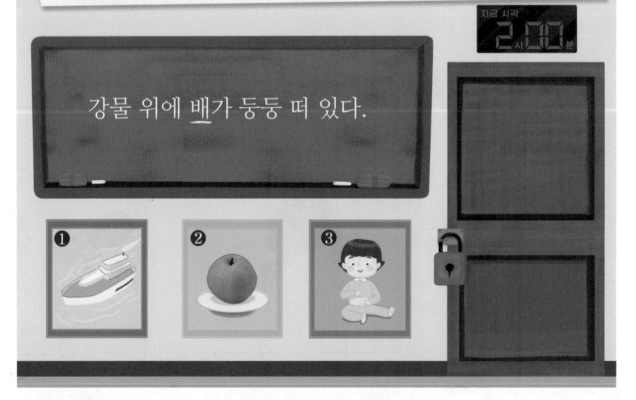

강물 위에 배가 둥둥 떠 있다.

 ① **탈출**: 어떤 곳에서 빠져나오는 일   ② **자물쇠**: 잠그기 위해 쇠로 만든 물건
③ **칠판**: 분필이나 흰색 사인펜으로 글씨를 쓰게 만든 판
④ **액자**: 사진, 그림을 넣는 틀   ⑤ **열쇠**: 자물쇠를 열고 잠그는 데 쓰는 물건

1 열쇠는 어느 액자 뒤에 있나요? ◯표를 해 보세요.

(   )   (   )   (   )

2 칠판에 적힌 '배'와 같은 뜻으로 쓰인 글을 고르세요. ······· (   )

① 배를 타고 바다로 가자!

② 나는 지금 배가 고프다.

3 언제까지 방을 탈출해야 할까요? ······························· (   )

① 1시 50분   ② 2시 10분   ③ 2시 20분

➜ 문제를 다 풀고 맨 뒷장에 있는 붙임딱지를 붙여보세요.

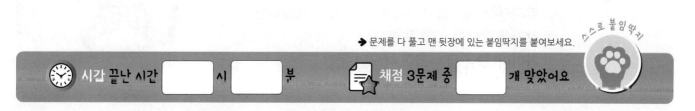

스스로 붙임딱지

시간 끝난 시간 [   ] 시 [   ] 분   채점 3문제 중 [   ] 개 맞았어요

24 일차
이야기에 쓰인 낱말
알아보기

QR코드를 찍으면 지문 읽기를 들을 수 있어요 ▼

공부한날 ☐ 년 ☐ 월 ☐ 일
시작 시간 ☐ 시 ☐ 분

독해력 시작단계 24회

사이좋은 형제①

옛날 아름다운 시골 마을에 **부지런한②** 형제가 있었습니다.

형제는 마을 어느 누구보다 열심히 일했습니다.

가을이 되자 형제는 많은 쌀을 거둘 수 있었습니다. 형제는 사이좋게

똑같이 쌀을 나누었습니다.

그런데 형은 곰곰이 생각을 했습니다.

'동생은 이번에 **장가를 갔으니③** 쌀이 많이 필요할 거야.

쌀 한 **가마니④**를 더 줘야겠어.'

그날 밤, 형은 동생의 집 앞에 몰래 쌀 한 가마니를 놓아 두었습니다.

 ① **사이좋은**: 가까워서 서로 아껴주는
② **부지런한**: 게으름을 피우지 않고 열심히 일하는
③ **장가를 갔으니**: 결혼을 했으니
④ **가마니**: 쌀을 담는 크고 네모난 물건

그런데 동생도 같은 생각을 하고 있었습니다.

'형은 가족이 많으니 쌀이 많이 필요할 거야. 쌀 한 가마니를 더 주어야겠다.'

동생은 자기 쌀 한 가마니를 형의 집 앞에 놓아 두었습니다.

동생은 **흐뭇해하였습니다**.①

다음 날 아침이었습니다. 자기 쌀이 줄지 않은 것을 본 형은 몹시 놀랐습니다.

"어찌된 일이지? **분명히**② 어젯밤에 동생에게 주었던 쌀이 그대로 있네?"

형은 아무리 생각해도 까닭을 알 수 없었습니다.

"오늘밤에 다시 갖다줘야겠군."

 ① **흐뭇해하였습니다**: 좋아하였습니다
② **분명히**: 확실히, 틀림없이

그날 저녁, 형은 다시 쌀을 가지고 동생의 집으로 갔습니다.

그런데 저 멀리 달빛 속에서 누군가 한 가마니의 **쌀을 지고**① 오는
모습이 보였습니다.

"누구지? 이 밤중에?"

형은 그 사람과 **점점**② 가까워졌습니다.

그리고 곧 그 사람이 누군지 알아볼 수 있었습니다.

"아니, 동생아! 그러면 네가 나에게 쌀을 주었니?"

"형! 우리 집에 쌀을 두고 간 사람이 형이었구나!"

형제는 **환한**③ 달빛 속에서 마주 보며 웃었습니다.

서로를 먼저 생각하며 자신의 것을 나누어 주려던 마음이 너무
고마웠기 때문입니다.

낱말 배우기 ① **쌀을 지고**: 쌀을 등에 메고
② **점점**: 조금씩 조금씩
③ **환한**: 밝은

1 이 이야기의 두 주인공은 서로 어떤 사이인가요? 알맞은 것에 ○표를 해 보세요.

친구	형제
( )	( )

2 형제는 가을에 모두 합쳐 쌀 열 가마니를 거두었습니다. 그렇다면 처음에 서로 몇 가마니씩 나누었을까요?

형 : ☐ 가마니

동생 : ☐ 가마니

3 사진 속 화살표가 가리키고 있는 물건은 옛날에 쌀을 담는 데 쓰이던 것입니다. 이 물건의 알맞은 이름을 골라 보세요.
.... (   )

① 가마니

② 보자기

③ 바구니

➜ 문제를 다 풀고 맨 뒷장에 있는 붙임딱지를 붙여보세요.

스스로 붙임딱지

🕐 시간 끝난 시간 ☐ 시 ☐ 분   📄 채점 3문제 중 ☐ 개 맞았어요

25 일차
글의 내용을 담은 낱말

QR코드를 찍으면 지문 읽기를 들을 수 있어요 ▼

공부한날 [　] 년 [　] 월 [　] 일
시작 시간 [　] 시 [　] 분

독해력 시작단계 25회

이 사진은 우주일까요? 바닷속일까요? **외계인**①이 타는 우주선처럼 생긴 것이 둥둥 떠다니네요. 우산처럼 생기기도 했어요. 도대체 이것은 무엇일까요?

해파리랍니다. 해파리가 바닷속을 **무리**② 지어 둥둥 떠다니는 모습이에요. 해파리는 온몸이 **투명**③해서 몸속이 다 보여요. 그리고 말랑말랑해서 꼭 젤리 같기도 하지요.

하지만 해파리를 만지면 안 돼요! 독이 있는 해파리도 있기 때문이죠.

낱말 배우기
① **외계인**: 다른 별에서 살고 있는 사람
② **무리**: 많은 수가 한곳에 모여있는 것
③ **투명**: 속이 비쳐서 다 보이는 것

1 이 글이 설명하는 것은 무엇인가요?

2 다음은 이 글에서 해파리를 설명하는 낱말들입니다. 이 글에 나온 것에 ○표를, 아닌 것에는 ✕표를 해 보세요.

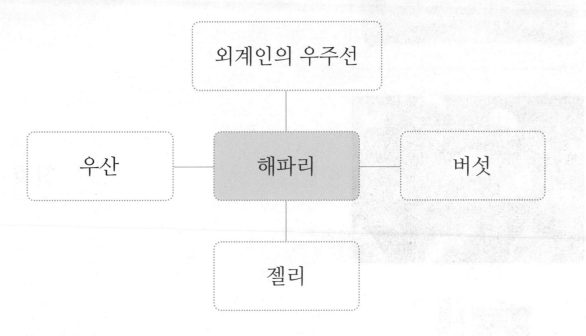

외계인의 우주선

우산   해파리   버섯

젤리

3 해파리를 만지면 안 되는 까닭은 무엇인지 골라 보세요. ·· (   )

① 독이 있는 해파리가 있기 때문입니다.

② 해파리는 너무 뜨겁기 때문입니다.

➜ 문제를 다 풀고 맨 뒷장에 있는 붙임딱지를 붙여보세요.

시간 끝난 시간 [ ] 시 [ ] 분   채점 3문제 중 [ ] 개 맞았어요

스스로 붙임딱지

어휘복습

한 주 동안 공부했던 글에서 꼭 알아야 할 낱말을 한 번 더 공부해 볼까요?

 그림에 어울리는 낱말을 찾아 선으로 이어 보세요.

해설편 5쪽

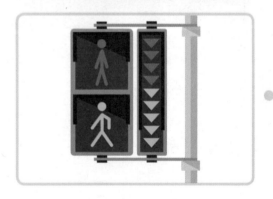

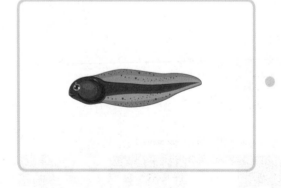

올챙이

신호등

사이좋은

해파리

회 차	글 의 종 류	학 습 내 용	공부한 날
26일차	설명하는 글	**글의 내용 정리하기** 젤리 만드는 방법을 살펴보며 각 단계별 내용을 정리해 보세요.	년 월 일
27일차	동시	**떠오르는 장면 찾기** 동시에서 떠오르는 장면을 찾아 보면서 시의 짜임을 공부해 보세요.	년 월 일
28일차	편지	**빠진 부분 찾기** 친구가 쓴 편지를 통해 글에 없는 부분을 찾는 연습을 해 보세요.	년 월 일
29일차	이야기	**이야기의 전개 이해하기** 재미난 이야기를 통해 이야기의 전개를 이해하는 법을 익혀 보세요.	년 월 일
30일차	지식 글	**글을 표로 정리하기** 글을 표로 정리한 문제를 풀어보며 글의 내용을 정리하는 법을 익혀 보세요.	년 월 일

26 일차
글의 내용 정리하기

젤리 만들기

1. 재료를 준비하세요.

　– 젤라틴 가루, 주스 ①

2. 젤라틴 가루를 주스에 넣어서 10분간 불리세요.

　– 주스는 반 정도만 넣으세요.

3. 전자레인지에 20~30초 동안 데우세요.

4. 전자레인지에서 꺼낸 주스에 남은 주스를 붓고 잘 저으세요.

5. 잘 섞인 젤라틴과 주스를 찻잔이나 작은 그릇에 부으세요.

6. 뚜껑이나 덮개 등을 덮어 준 다음 냉장고에 넣으세요. ②

7. 3시간 뒤에 꺼내면 맛있는 젤리 완성!

　– 빨리 꺼내면 젤리가 굳지 않아요. ③

낱말 배우기　① **젤라틴**: 말랑말랑하고 쫀득쫀득한 음식을 만드는 데 필요한 재료

② **덮개**: 물건을 덮는 데 쓰는 것　③ **굳지**: 단단해지지

1 이 글은 무엇을 설명하고 있는 글인가요?

☐ ☐ 를 만드는 방법

2 젤리를 만들기 위해 필요한 준비물에 모두 ◯표를 해 보세요.

젤라틴 가루	사탕	주스	소금

3 다음은 젤리를 만드는 방법입니다. 순서대로 화살표(→)를 그려 보세요.

젤라틴 가루를 주스에 불리기

그릇에 담은 후 냉장고에 넣기

전자레인지에 넣고 데우기

주스를 더 넣고 잘 저어주기

➜ 문제를 다 풀고 맨 뒷장에 있는 붙임딱지를 붙여보세요.

스스로 붙임딱지

 시간 끝난 시간 ☐시 ☐분   채점 3문제 중 ☐개 맞았어요

27 일차
떠오르는 장면 찾기

QR코드를 찍으면 지문 읽기를 들을 수 있어요 ▼

| 공부한날 | | 년 | | 월 | | 일 |

시작 시간 [ ] 시 [ ] 분

독해력 시작단계 27회

비눗방울

목일신

비눗방울 날아라,

바람 타고 동동동.

구름까지 올라라,

둥실둥실 두둥실.

비눗방울 날아라,

지붕 위에 동동동.

하늘까지 올라라,

둥실둥실 두둥실.

1 이 시는 무엇을 노래하고 있나요? ◯표를 해 보세요.

> 비눗방울   바람   구름   지붕

2 이 시를 읽으면 떠오르는 장면으로 알맞은 것에 ◯표를 해 보세요.

(   )

(   )

6주 27일차

해설편 6쪽

3 비눗방울이 날아가는 모습을 흉내 낸 말에 모두 ◯표를 해 보세요.

동동동	떼구르르	둥실둥실 두둥실
( )	( )	( )

➔ 문제를 다 풀고 맨 뒷장에 있는 붙임딱지를 붙여보세요.

스스로 붙임딱지

 시간 끝난 시간 ☐ 시 ☐ 분   채점 3문제 중 ☐ 개 맞았어요

28 일차
빠진 부분 찾기

재민이에게

재민아, 안녕?

나 민주야. 지난주 미술 시간에 **준비물①** 안 가져왔을 때, 준비물 빌려줘서 정말 고마워.

나는 정말 너를 좋은 친구라고 생각해.

이번 주 토요일이 내 생일이야. 내 생일잔치에 꼭 와 주면 좋겠어. 올 수 있니?

다른 친구들도 많이 올 거야. 생일잔치는 11시에 우리 집에서 할 거야.

앞으로 더 친하게 지냈으면 좋겠어. 추운데 감기 조심하고, 이만 줄일게. 그럼 안녕!

– 민주가

 ① **준비물**: 어떤 일에 필요해서 미리 가져가야 하는 물건

1 이 편지는 누가 누구에게 쓴 편지인가요?

☐ ☐ 가 재민이에게

2 다음 중 이 편지의 내용과 <u>다른 것</u>을 골라 보세요. ·········· ( )

① 이번주 토요일은 재민이의 생일입니다.

② 생일 잔치는 11시부터 시작합니다.

③ 생일 잔치는 민주의 집에서 합니다.

3 다음은 편지에 들어가야 할 것들입니다. 다음 중 민주가 쓴 편지에 빠져 있는 것은 무엇인지 찾아서 ◯표를 해 보세요.

6주 28일차 해설편 6쪽

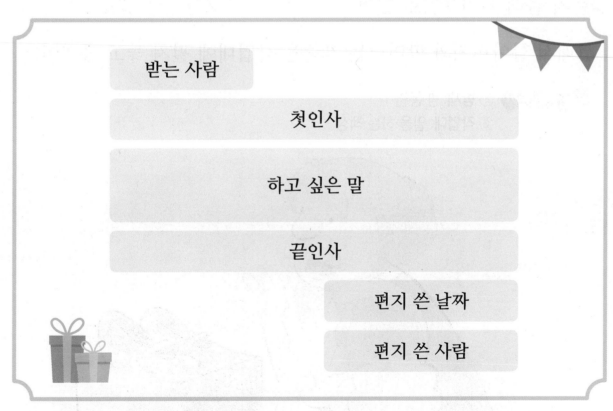

받는 사람

첫인사

하고 싶은 말

끝인사

편지 쓴 날짜

편지 쓴 사람

➡ 문제를 다 풀고 맨 뒷장에 있는 붙임딱지를 붙여보세요.

시간 끝난 시간 ☐시 ☐분   채점 3문제 중 ☐개 맞았어요

QR코드를 찍으면 지문 읽기를 들을 수 있어요 ▼

29 일차
이야기의 전개 이해하기

공부한날 [ ] 년 [ ] 월 [ ] 일

시작 시간 [ ] 시 [ ] 분

독해력 시작단계 29회

구둣방 할아버지와 요정

그림 형제

한 마을에 할아버지와 할머니가 구두 가게를 하고 있었어.

그런데 어느 날부터인가 할아버지와 할머니가 자고 일어나면 예쁜 구두가 완성되어 있는 거야.

그런 일이 반복되자 할아버지와 할머니는 누가 **밤새**① 구두를 만들어 놓는지 몰래 지켜보기로 했어.

그래서 할아버지와 할머니는 가죽을 **작업대**②에 펼쳐 놓고 숨었어.

 ① **밤새**: 밤 동안
② **작업대**: 일을 하는 책상

밤 열두 시가 되자 놀라운 일이 일어났어!

발가벗은① 꼬마 요정 두 명이 나온 거야.

한 명이 구두 모양을 그리고 가죽을 싹둑싹둑 자르면, 다른 한 명이

바늘과 실로 **순식간에**② 구두를 꿰매 세 **켤레**③의 구두를 만들었지.

다음 날, 할아버지와 할머니는 세 켤레의 구두를 모두 팔았어.

그리고 감사의 뜻으로 꼬마 요정이 입을 옷과 구두를 만들었지.

요정들이 입을 옷과 구두를 보며 할머니가 말했어.

"밤에 꼬마 요정들이 보면 놀라겠지요? 정말 귀여울 거예요."

 ① **발가벗은**: 옷을 입지 않은
② **순식간에**: 아주 짧은 시간 동안에
③ **켤레**: 신발 두 개를 하나로 세는 단위

밤이 되자 **어김없이**^① 꼬마 요정들이 나타났어.

꼬마 요정들은 할아버지와 할머니가 만들어 주신 옷과 구두를 보고 좋아서 노래를 부르고 춤을 추었어.

멋진 옷을 입고 멋진 구두를 신은 꼬마 요정들은 그렇게 여행을 떠나 다시는 나타나지 않았어.

하지만 할아버지와 할머니는 걱정하지 않았지.

구둣방은 꼬마 요정들 **덕분에**^② 구두를 잘 만든다는 소문이 퍼져 늘 손님들로 북적북적 **붐볐거든**^③!

낱말 배우기 ① **어김없이**: 생각한 대로
② **덕분에**: 다른 사람한테 받은 도움 때문에
③ **붐볐거든**: 좁은 곳에 여러 사람이 있어 비좁았거든

1 할아버지와 할머니는 무엇을 파는 분들이었나요? 알맞은 그림에
○표를 해 보세요.

(   )   (   )   (   )

2 할아버지와 할머니가 만들어 준 옷과 구두를 입은 요정들은 그 후에
어떻게 되었나요? ·· (   )

① 더욱 열심히 구두를 만들었습니다.

② 여행을 떠나서 다시는 나타나지 않았습니다.

③ 친구들을 데리고 와 새 옷을 더 만들어 달라고 했습니다.

3 물건마다 세는 말이 다릅니다. 다음 그림을 보고 빈 칸에 들어갈
낱말을 이 동화에서 찾아 써 보세요.

신발 두 □ □

➜ 문제를 다 풀고 맨 뒷장에 있는 붙임딱지를 붙여보세요. 스스로 붙임딱지

시간 끝난 시간 [   ] 시 [   ] 분   채점 3문제 중 [   ] 개 맞았어요

30 일차
글을 표로 정리하기

다르다, 틀리다

'다르다'와 '틀리다'는 뜻에 알맞게 써야 합니다.

'다르다'는 서로 같지 않다는 뜻입니다. 좋고 나쁨을 알 수 없는 것끼리 비교할 때, '다르다'라는 말을 씁니다. **피부색**[①]이 검은 친구와 하얀 친구에게는 '다르다'라는 말을 써야 합니다.

'틀리다'는 옳지 않다는 뜻입니다. '틀리다'라는 말은 **정답**[②]이 있을 때에 씁니다. '1+1'의 답을 '2'가 아닌 '3'이라고 썼을 때, 답이 '틀렸다'라고 말할 수 있습니다. 그러므로 피부색이 검은 친구나 하얀 친구에게 '틀리다'라는 말을 쓰면 안 됩니다. 두 친구 중 한 친구의 피부색은 옳지 못하다는 뜻이 되기 때문입니다.

낱말 배우기 ① **피부색**: 사람의 겉에 있는 살의 색깔 ② **정답**: 문제에 알맞은 답

1 이 글에서 가장 중요한 낱말 두 개에 ○표를 해 보세요.

> 다르다   틀리다   피부색   정답

2 다음은 이 글을 표로 정리한 것입니다. 빈칸에 알맞은 낱말을 이 글에서 찾아 써 보세요.

처음 부분	'다르다'와 '틀리다'는 뜻에 맞게 써야 합니다.
중간 부분	'☐ ☐ ☐'는 좋고 나쁨을 알 수 없는 것끼리 비교할 때 씁니다.
끝 부분	'☐ ☐ ☐'는 정답이 있을 때, 정답과 맞지 않는 것을 말할 때 씁니다.

6주 30일차

해설편 6쪽

3 아래 문장을 읽고 알맞은 낱말에 ○표를 해 보세요.

(1) 연극에서 실수로 대사를 (달랐다 / 틀렸다).

(2) 친구와 나는 입맛이 서로 (다르다 / 틀리다).

(3) 친구와 나는 생각이 서로 (달랐다 / 틀렸다).

➡ 문제를 다 풀고 맨 뒷장에 있는 붙임딱지를 붙여보세요.

시간 끝난 시각 ☐시 ☐분   채점 3문제 중 ☐개 맞았어요

스스로 붙임딱지

속담 더 알아보기

여러분은 속담을 얼마나 알고 계시나요? 속담이란 옛날부터 전해지는 조상들의 지혜가 담긴 표현입니다. 우리나라에는 속담이 정말 많이 있습니다. 그렇다면 어린이들이 알아 두면 좋을 만한 속담에는 어떤 것들이 있을까요?

세 살 버릇 여든까지 간다.

어렸을 때의 버릇은 정말 고치기 어렵다는 뜻입니다.
그만큼 버릇을 잘 들여야 한다는 뜻이죠.

가는 말이 고와야 오는 말이 곱다.

상대방에게 좋은 말과 행동을 해야
상대방도 나에게 좋은 말과 행동을 한다는 뜻입니다.

티끌 모아 태산이다.

아무리 작은 것도 계속 모으다 보면 언젠가 크게 된다는
뜻입니다. 매일매일 조금씩 공부를 하다 보면 미래에는
공부를 정말 잘 할 수 있게 될 거예요.

지혜: 삶을 살아가는 데 도움이 되는 생각   티끌: 아주 작은 먼지   태산: 커다란 산

주간학습안내

회차	글의 종류	학습내용	공부한 날
31일차	짧은 글	**이야기의 교훈 찾기** 이야기의 주제는 곧 교훈과도 연결됩니다. 짧은 글을 통해 교훈을 찾아 보세요.	년 월 일
32일차	동시	**시의 분위기를 읽어 보기** 시를 읽고 시에서 느껴지는 분위기와 느낌을 공부해 보세요.	년 월 일
33일차	독후감	**독후감 써 보기** 이야기를 읽고 문제를 풀면서 독후감이 어떤 글인지 알아보세요.	년 월 일
34일차	이야기	**꼼꼼하게 읽어 보기** 쌀 한 톨을 송아지로 만든 셋째 딸의 이야기를 꼼꼼하게 읽어 보세요.	년 월 일
35일차	지식 글	**설명하는 글 읽기** 글에서 읽은 내용으로 문제를 푸는 연습을 해 보세요.	년 월 일

31 일차
이야기의 교훈 찾기

등잔 밑이 어둡다

옛날에 책 읽기를 좋아하는 한 사람이 있었습니다.

그 사람은 해가 지면 등잔에 **불을 밝히고**① 책을 읽었습니다.

"다 읽었구나. 이제 빌린 책들을 갖다줘야지."

그런데 빌린 책들이 보이지 않았습니다.

"아이고! 큰일 났구나! 아무리 찾아도 책이 보이지 않아!"

그때였습니다. 그 사람은 방 안에서 찾아 보지

않은 곳이 딱 한 군데 있다는 사실을 **깨달았습니다**②.

바로 등잔 밑이었습니다. 등잔 불빛은 방 안을

밝혀주었지만 등잔 밑은 그림자 때문에

어두웠습니다. 자세히 보니 등잔 밑에 책들이

놓여 있는 것이 보였습니다.

등잔
기름을 담아 등불을
켜는 데에 쓰는 그릇

낱말 배우기 ① **불을 밝히고** : 불을 켜고
② **깨달았습니다** : 모르던 일을 알게 되었습니다

1 책들은 어디에 있었나요? 아래 그림에 ◯표를 해 보세요.

2 이야기 속 주인공이 책을 찾지 못한 까닭은 무엇인가요? ‥ (   )

① 등잔 불이 꺼지는 바람에 방 안이 어두워져서

② 그림자 때문에 등잔 밑이 어두워서

3 옛 속담 중에 "등잔 밑이 어둡다"라는 말이 있습니다. 이 속담의 뜻으로 알맞은 것에 ◯표를 해 보세요.

찾으려는 물건은 생각보다 가까운 곳에 있어요.	빌린 물건은 빨리빨리 돌려주세요.
( )	( )

➡ 문제를 다 풀고 맨 뒷장에 있는 붙임딱지를 붙여보세요.

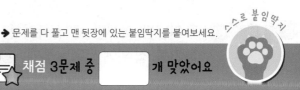

스스로 붙임딱지

⏰ 시간 끝난 시간 [   ] 시 [   ] 분   📑 채점 3문제 중 [   ] 개 맞았어요

QR코드를 찍으면 지문 읽기를 들을 수 있어요 ▼

32 일차
시의 분위기를 읽어 보기

공부한날 [ ] 년 [ ] 월 [ ] 일

시작 시간 [ ] 시 [ ] 분

독해력 시작단계 32회

눈

윤동주

지난밤에^①

눈이 소복이^② 왔네

지붕^③이랑

길이랑 밭이랑 추워한다고

덮어주는 이불^④인가 봐

그러기에

추운 겨울에만 내리지

낱말 배우기 ① **지난밤**: 어젯밤   ② **소복이**: 볼록하게 쌓이게
③ **지붕**: 집 위에 씌우는 덮개   ④ **이불**: 잘 때 덮는 넓은 천

1 이 시는 무엇에 대해 노래하고 있나요? 이 시에서 찾아서 써 보세요.

2 이 시에서 눈을 무엇과 같다고 했나요? ◯표를 해 보세요.

(   )

(   )

(   )

7주 32일차

해설편 7쪽

3 이 시를 읽으면 어떤 계절이 떠오르나요? ◯표를 해 보세요.

봄   여름   가을   겨울

➔ 문제를 다 풀고 맨 뒷장에 있는 붙임딱지를 붙여보세요.

스스로 붙임딱지

 시간 끝난 시간 ☐ 시 ☐ 분   채점 3문제 중 ☐ 개 맞았어요

33 일차
독후감 써 보기

해와 바람은 누가 더 힘이 센지 **내기**①를 하기로 했다. 지나가는 사람의 **겉옷**②을 먼저 벗기면 이기는 내기였다.

바람은 지나가는 사람에게 바람을 세게 불었다. 하지만 그 사람은 겉옷이 벗겨지지 않도록 겉옷을 더 **단단히 여몄다**③. 바람은 겉옷을 벗기지 못했다.

반대로 해는 지나가는 사람에게 따뜻한 햇빛을 비추었다. 해가 점점 더 따뜻하게 햇빛을 비추자 그 사람은 땀을 뻘뻘 흘리기 시작했다. **마침내**④ 그 사람은 겉옷을 벗고 말았다.

낱말 배우기 ① **내기**: 이기느냐 지느냐를 겨루는 일　② **겉옷**: 겉에 입는 옷 (=외투)
③ **단단히 여몄다**: 옷이 벗겨지지 않도록 꼭 부여잡았다
④ **마침내**: 그로 인해 마지막에는

1 빈칸을 채워 이 이야기의 제목을 지어 보세요.

해와 바람의 ☐ ☐

2 다음은 이 이야기를 짧게 쓴 글입니다. 이야기의 내용과 같은 문장에는 ◯표를, 같지 않은 문장에는 ✕표를 해 보세요.

> 해와 바람이 내기를 했다. ·································· (   )
>
> 지나가는 사람의 겉옷을 벗기면 이기는 내기였다. ··· (   )
>
> 바람은 지나가는 사람의 겉옷을 벗겼다. ·············· (   )

7
주
33
일
차

해
설
편
7
쪽

3 다음은 한 친구가 이 이야기를 읽고 난 후 느낀 점을 쓴 글입니다. 글의 내용이 알맞도록 빈칸을 채워 보세요.

> 나는 해와 바람 중 누가 이길지 몰랐다.
>
> 그래서 힘이 센 ☐ ☐ 보다 따뜻한 ☐ 가
>
> 내기에서 이겼다는 것이 놀라웠다. 진짜로 힘이 세다는 것에는
> 지혜로움이 필요하다는 생각이 들었다.

➜ 문제를 다 풀고 맨 뒷장에 있는 붙임딱지를 붙여보세요.

⏰ 시간 끝난 시간 ☐ 시 ☐ 분   채점 3문제 중 ☐ 개 맞았어요

QR코드를 찍으면 지문 읽기를 들을 수 있어요 ▼

34 일차
꼼꼼하게 읽어 보기

공부한날 [ ] 년 [ ] 월 [ ] 일
시작 시간 [ ] 시 [ ] 분

독해력 시작단계 34회

쌀① 한 톨②

옛날에 딸이 셋 있는 한 아버지가 있었습니다. 아버지는 **재산**③을 가장 **지혜로운**④ 딸에게 물려주고 싶었습니다.

오랫동안 고민하다가 세 딸들을 불렀습니다.

"얘들아, 너희에게 쌀을 한 톨씩 줄 테니, 쌀 한 톨로 무엇을 해야 할지 생각해 보거라."

낱말 배우기
① **쌀**: 밥을 지을 때 필요한 재료
② **톨**: 쌀이나 밤처럼 알로 된 것을 세는 단위
③ **재산**: 자신이 갖고 있는 돈과 집 같은 여러 물건들
④ **지혜로운**: 어떤 일을 바르게 깨달아 원하는 결과를 얻을 수 있는

첫째 딸은 쌀 한 톨로 할 수 있는 것이 생각나지 않았습니다. 그래서 쌀을 아무 곳에 던져버렸습니다. 둘째 딸은 배가 고파서 그냥 먹어버렸습니다. 하지만 막내딸은 달랐습니다.

"아버지께서 무슨 뜻이 있어 주셨을 거야."

막내딸은 쌀 한 톨을 어떻게 하면 좋을지 생각했습니다.

그 후 몇 년이 지났습니다. 아버지는 딸들에게 물었습니다.

"내가 옛날에 준 쌀 한 톨을 어떻게 하였지?"

첫째 딸과 둘째 딸은 아버지의 질문에 아무 대답도 하지 못했습니다.

그런데 막내딸은 **송아지**①를 데리고 왔습니다.

"아니, 막내야! 이게 웬 송아지냐?"

그러자 막내딸이 웃으면서 그동안 있었던 일을 이야기하기 시작했습니다.

낱말배우기 ① **송아지**: 소의 새끼
(옛날에는 소가 가장 귀한 동물이었습니다)

"네, 아버지. 우선 쌀 한 톨을 **미끼**로 참새를 잡았습니다.

그리고 시장에서 참새를 **병아리**와 바꾸었지요.

그 병아리가 자라서 닭이 되었고, 그 닭이 많은 알을 낳았습니다.

그 알에서 나온 병아리들이 다시 닭들이 되었고 그 닭들을 팔아

돼지를 샀습니다."

"그래, 그 다음엔 어떻게 한 것이냐?"

"네, 돼지가 자라서 많은 새끼를 낳았지요. 그 새끼들을 팔아서 이

송아지를 샀습니다."

"오호라, 정말 **기특하구나**. 나의 재산은 모두 너에게 물려주도록

하겠다."

낱말 배우기 ① **미끼**: 물고기나 동물을 잡는 데 쓰는 먹이
② **병아리**: 닭의 새끼
③ **기특하구나**: 일을 한 것이 마음에 들어 기분이 좋구나

1 이 글에서 아버지의 딸은 몇 명인가요? ◯표를 해 보세요.

> 1명   2명   3명   4명

2 아버지는 왜 세 딸들에게 쌀 한 톨씩을 주었나요? ·········· (   )

① 누가 가장 지혜로운지 알아보려고

② 누가 가장 배가 고픈지 알아보려고

③ 누가 가장 동물을 좋아하는지 알아보려고

3 막내딸은 쌀 한 톨을 송아지로 어떻게 바꾸었나요? 막내딸의
이야기를 읽고 순서대로 화살표(➡)를 그려 보세요.

7
주
**34
일
차**

해
설
편
7
쪽

➡ 문제를 다 풀고 맨 뒷장에 있는 붙임딱지를 붙여보세요.

스스로 붙임딱지

⏰ 시간 끝난 시간 [   ] 시 [   ] 분   채점 3문제 중 [   ] 개 맞았어요

35 일차
설명하는 글 읽기

QR코드를 찍으면 지문 읽기를 들을 수 있어요 ▼

공부한날 ☐ 년 ☐ 월 ☐ 일
시작 시간 ☐ 시 ☐ 분

독해력 시작단계 35회

귀가 두 개인 **까닭**①은 귀가 두 개 있어야 **소리**②가 나는 곳을 알 수 있기 때문입니다.

앞에서 난 소리는 두 귀에 어떻게 들릴까요? 똑같은 크기의 소리로 들립니다. 하지만 오른쪽에서 난 소리는 어떨까요? 오른쪽 귀에 더 크게 들리게 됩니다. **반대**③로 왼쪽에서 난 소리는 왼쪽 귀에 더 크게 들립니다.

그러니까 양쪽 귀에 들린 소리의 크기를 **비교**④해 보면 소리가 난 곳을 알 수 있겠죠? 이것이 바로 귀가 두 개인 **이유**⑤랍니다.

낱말 배우기
① **까닭**: 어떤 일이 일어난 이유
② **소리**: 귀에 들리는 것
③ **반대**: 서로 등지거나 맞서고 있는 모양
④ **비교**: 서로 어떤 차이가 있는지 마주 대어 보다
⑤ **이유**: 까닭

1 이 글의 제목이 들어갈 칸이 비어 있습니다. 다음 중 빈칸에 제목으로 들어가기에 알맞은 것에 ◯표를 해 보세요.

손이 두 개인 까닭	귀가 두 개인 까닭	입이 한 개인 까닭
(　　　)	(　　　)	(　　　)

2 소리가 난 곳에 따라 소리가 어떻게 들리는지 알맞은 설명을 선으로 이어 보세요.

앞에서 난 소리　●　　　　●　오른쪽 귀에 더 크게 들린다.

오른쪽에서 난 소리　●　　　　●　양쪽 귀에 똑같은 크기로 들린다.

3 다음은 우리 몸에 있는 것들입니다. 개수를 써 보고 개수가 같은 것끼리 묶어 보세요.

눈	귀	코	입
(　　)개	(　　)개	(　　)개	(　　)개

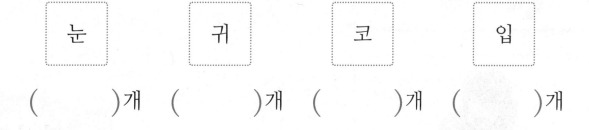

➔ 문제를 다 풀고 맨 뒷장에 있는 붙임딱지를 붙여보세요.

스스로 붙임딱지

시간 끝난 시간 [　]시 [　]분　　채점 3문제 중 [　]개 맞았어요

어휘복습

한 주 동안 공부했던 글에서 꼭 알아야 할 낱말을 한 번 더 공부해 볼까요?

 그림에 어울리는 낱말을 찾아 선으로 이어 보세요.

해설편 7쪽

병아리

강아지

송아지

망아지

※ 말의 새끼

8주차
글 내용 응용하기

회차	글의 종류	학습내용	공부한 날
36일차	지식 글	**차이점을 쓴 글 읽기** 글을 읽고 글에서 설명한 차이점이 무엇인지 알고 문제를 풀어 보세요	년 월 일
37일차	동시	**작품을 다르게 써 보기** 시에서 쓰인 내용과 형식을 읽고 새롭게 써 보는 연습을 해 보세요.	년 월 일
38일차	보고서	**보고서 읽어 보기** 초등학교에서 자주 읽고 쓰게 될 체험학습 보고서입니다. 보고서를 쓰는 까닭과 읽는 방법을 연습해 보세요.	년 월 일
39일차	이야기	**신화 읽어 보기** 단군 신화를 읽고 신화의 전체적인 내용을 파악한 다음 문제를 풀어보세요.	년 월 일
40일차	지식 글	**글의 내용으로 문제 풀기** 정보를 주는 글을 읽고 그 정보를 바탕으로 문제를 풀어보세요.	년 월 일

36 일차
차이점을 쓴 글 읽기

사진과 동영상

여행①을 가거나 **추억**②을 남기고 싶을 때 사람들은 스마트폰으로 사진이나 동영상을 찍어요. 그런데 사진과 동영상은 **차이점**③이 있답니다.

사진과 동영상의 차이점은 바로 '움직임'이에요. 사진은 종이 위에 그려진 그림처럼 움직이지 않아요. **반대로**④ 동영상은 움직여요. 그래서 동영상은 움직이는 사진과 같아요. 그리고 동영상에는 소리도 함께 남길 수 있어요.

 ① **여행**: 다른 마을이나 다른 나라를 구경하기 위해 가는 것
② **추억**: 지난 일을 생각하는 것
③ **차이점**: 서로 다른 부분
④ **반대로**: 이와 다르게

1 이 글에서 설명하고 있는 두 가지에 ◯표를 해 보세요.

사진　　　그림　　　동영상　　　소리

2 사진과 동영상에 대한 설명을 알맞게 선으로 이어 보세요.

사진　●

동영상　●

●　움직임과 소리를 함께 남길 수 있어요.

●　그림처럼 움직이지 않아요.

3 친구들이 노래하는 모습을 찍으려고 합니다. 노랫소리까지 남기고 싶으면 사진과 동영상 중 어떤 것을 찍으면 좋을까요? 알맞은 것에 ◯표를 해 보세요.

사진

(　　　)

동영상

(　　　)

8주 36일차

해설편 8쪽

➔ 문제를 다 풀고 맨 뒷장에 있는 붙임딱지를 붙여보세요.

스스로 붙임딱지

시간 끝난 시간 [　] 시 [　] 분　　채점 3문제 중 [　] 개 맞았어요

37 일차
작품을 다르게 써 보기

QR코드를 찍으면 지문 읽기를 들을 수 있어요 ▼

공부한날 [ ]년 [ ]월 [ ]일
시작 시간 [ ]시 [ ]분

독해력 시작단계 37회

좋겠다

서정숙

꽃잎은 좋겠다.

세수 안 해도

방울방울 이슬이①

닦아 주니까.

나무는 좋겠다.

목욕 안 해도

주룩주룩 소낙비②

씻어 주니까.

낱말 배우기 ① **이슬**: 새벽에 꽃잎이나 잎사귀에 맺혀 있는 물방울

② **소낙비**: 갑자기 내리다가 곧 그치는 비 (=소나기)

1 이 시를 읽고 떠오르는 장소를 찾아 ◯표 해 보세요.

(　　　) 　　　(　　　) 　　　(　　　)

2 이 시에서 소낙비가 내리는 소리를 흉내 낸 말에 ◯표를 해 보세요.

방울방울　　　주룩주룩

3 다음은 이 시의 한 장면을 담은 사진입니다. 이 사진의 내용에 알맞도록 주어진 문장의 빈칸을 채워 보세요.

➜ 방울방울 맺힌 [　　　][　　　] 이 꽃잎을 세수시켜 줘요.

8주 37일차 해설편 8쪽

➜ 문제를 다 풀고 맨 뒷장에 있는 붙임딱지를 붙여보세요. 스스로 붙임딱지

시간 끝난 시간 [　　] 시 [　　] 분　　채점 3문제 중 [　　] 개 맞았어요

38 일차
보고서 읽어 보기

공부한날 [ ]년 [ ]월 [ ]일
시작 시간 [ ]시 [ ]분

QR코드를 찍으면 지문 읽기를 들을 수 있어요 ▼

시작단계 38회 15쇄

체험 학습 보고서①

체험한 날	2024년 10월 4일	**학년/반**	1학년 5반
다녀온 곳	고구마 밭	**이름**	전 성 현

사진

체험한 내용

고구마 캐기 **체험**②을 하기 위해 가족들과 함께 강화도에 있는 고구마 밭에 다녀왔다. 가족 중에서 내가 고구마를 제일 많이 캤다. 스무 개나 **캤다**③. 그래서 나중에는 땀을 많이 흘렸다. 고구마를 다 캔 다음에는 고구마를 **쪄서**④ 먹었다. 내가 직접 캔 고구마를 먹으니 정말 맛있었다.

느낀점

–직접 고구마를 캐니 큰 **보람**⑤을 느낄 수 있었다.
–힘든 농사일을 하시는 농부 아저씨께 감사했다.

낱말 배우기
① **체험 학습 보고서**: 체험 학습을 다녀와서 체험한 내용과 느낀 점 등을 정리한 글
② **체험**: 직접 몸으로 겪어 봄
③ **캤다**: 땅에 묻힌 것을 파서 꺼냈다
④ **쪄서**: 음식을 뜨거운 김으로 익혀서
⑤ **보람**: 일을 다 하고 느끼는 만족스러운 마음

1 다음 사진들 중 이 체험 학습 보고서에 붙이면 좋을 사진에 ◯표를 해 보세요.

(　　　　) (　　　　) (　　　　)

2 다음은 체험 학습에서 있었던 일입니다. 순서대로 번호를 넣어 보세요.

고구마 캐기	고구마를 쪄서 먹기	고구마 밭에 도착
(　　　)	(　　　)	(　　　)

3 이러한 글을 쓰면 좋은 점은 무엇일까요?·········· (　　　　)

① 체험 학습에서 체험한 내용과 느낀 점을 정리할 수 있다.

② 책을 읽고 새로 알게 된 점을 오래 기억할 수 있다.

39 일차

신화 읽어 보기

QR코드를 찍으면 지문 읽기를 들을 수 있어요 ▼

| 공부한날 | | 년 | | 월 | | 일 |
| 시작 시간 | 시 | | 분 | | | |

독해력 시작단계 39회

단군 신화①

아주 먼 옛날에 세상을 **다스리는**② 환웅님이 있었습니다.

하루는 곰과 호랑이가 환웅님을 찾아갔습니다.

곰과 호랑이는 사람들이 사이좋게 사는 모습을 보고 사람이 되고 싶었습니다.

"사람이 되고 싶습니다."

"사람이 되기 위해서는 백 일 동안 동굴 속에서 쑥과 마늘만 먹으며 살아야 한다. 할 수 있겠느냐?"

"무엇이든 하겠습니다."

곰과 호랑이는 쑥과 마늘을 들고 **동굴**③ 속으로 들어갔습니다.

낱말 배우기 ① **신화**: 세상이나 나라가 처음 생길 때의 이야기
② **다스리는**: 보살피고 이끄는
③ **동굴**: 산속에 있는 길고 큰 구멍

처음에는 곰과 호랑이 모두 환웅님이 시키는 대로 동굴 속에서 쑥과 마늘만 먹으며 하루하루를 보냈습니다.

며칠이 지났습니다. 호랑이가 **투덜거리기**① 시작했습니다.

"쑥과 마늘만 먹으니까 **기운**②이 없어."

"그래도 사람이 되려면 참아야지."

"나는 원래 고기를 먹어야 하는 동물이란 말이야!"

"우리 조금만 더 참자. 사람이 되면 고기를 **마음껏**③ 먹을 수 있을거야."

또 며칠이 지났습니다.

"이제 더는 못 참겠어! 어떻게 쑥과 마늘만 먹고 살아!"

견딜 수 없었던④ 호랑이는 동굴 밖으로 뛰어나갔습니다.

하지만 곰은 달랐습니다.

"참아야 해. 그래야 사람이 될 수 있어……."

낱말 배우기 ① **투덜거리기**: 못마땅한 마음에 혼자 중얼거리기
② **기운**: 살아서 움직이게 하는 힘
③ **마음껏**: 마음대로 (=실컷)
④ **견딜 수 없었던**: 참을 수 없었던

그렇게 백 일이 지났습니다. 아침에 눈을 뜬 곰은 자신이 **평소**와 ^①

다르다는 것을 느꼈습니다. 곰은 동굴 바닥에 **고인** 물에 비친 자신의 ^②

모습을 보았습니다. 물속에는 사람의 모습이 있었습니다.

"정말 감사합니다."

동굴에서 나온 곰은 환웅님에게 절을 했습니다. 그동안 곰과 호랑이를

지켜본 환웅님은 곰의 **참을성**을 기특하게 **여겼습니다**. ^③ ^④

"너에게 '웅녀'라는 이름을 지어 주겠노라."

그리고 환웅님은 웅녀를 **부인으로 맞았습니다**. ^⑤

일 년 후, 환웅님과 웅녀 사이에서 아이가 태어났습니다. 이 아이가

바로 '단군왕검'입니다. 이 아이는 씩씩하게 자랐고, 어른이 되어

'**고조선**'이라는 나라를 세웠습니다. ^⑥

낱말 배우기 ① **평소**: 보통 때 ② **고인**: 땅이 패인 곳에 물이 모인
③ **참을성**: 어려운 일을 잘 참고 견디는 능력
④ **기특하게 여겼습니다**
　: 흐뭇하고 자랑스럽게 생각했습니다
⑤ **부인으로 맞았습니다**: 결혼을 했습니다
⑥ **고조선**: 아주 오래 전에 세워진
　 우리 민족 최초의 나라

1 환웅님은 곰과 호랑이에게 동굴 속에서 두 가지만 먹어야 사람이 될 수 있다고 했습니다. 그 두 가지에 ◯표를 해 보세요.

> 밥   쑥   마늘   당근

2 다음 중 '단군 신화'에서 사람이 된 동물은 무엇인가요? 알맞은 동물에 ◯표를 해 보세요.

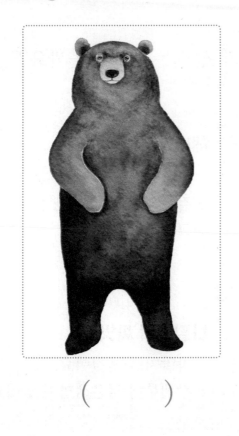

( )

( )

3 환웅님과 웅녀 사이에서 태어난 아이의 이름은 무엇인가요?

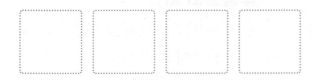

➜ 문제를 다 풀고 맨 뒷장에 있는 붙임딱지를 붙여보세요.

 시간 끝난 시간 [ ]시 [ ]분   채점 3문제 중 [ ]개 맞았어요

8
주
39
일
차

해설편 8쪽

40 일차
글의 내용으로 문제 풀기

QR코드를 찍으면 지문 읽기를 들을 수 있어요 ▼

공부한날 □ 년 □ 월 □ 일

시작 시간 □ 시 □ 분

독해력 시작단계 40회

씨앗의 생김새

모든 꽃은 처음에는 씨앗이었어요. 해바라기나 나팔꽃도 아주 작은 씨앗에서 자란 꽃들이지요.

그렇다면 지금부터 꽃의 씨앗이 어떻게 생겼는지 알아볼까요?

해바라기의 씨앗
- 길쭉하게 생겼어요.
- 검은색 씨앗에 하얀 줄무늬가① 그려져 있어요.

나팔꽃의 씨앗
- 밤알처럼 생겼어요.
- 갈색부터 검은색까지 있어요.

무궁화의 씨앗
- 한쪽으로 웅크리고 있는 모양이에요.
- 씨앗 둘레에 털이 나 있어요.

낱말 배우기 ① **줄무늬**: 줄이 그어진 무늬

1 이 글은 씨앗의 무엇에 대해 설명하고 있나요? ◯표를 해 보세요.

냄새   생김새

2 다음 씨앗이 자라면 어떤 꽃이 될까요? 알맞게 선으로 이어 보세요.

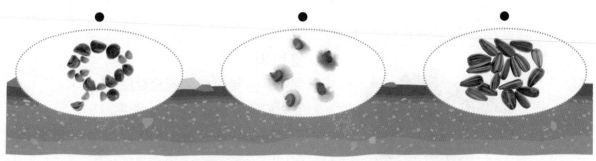

3 해바라기, 나팔꽃, 무궁화는 모두 무엇이라고 부르나요? 알맞은 낱말을 이 글에서 찾아서 한 글자로 써 보세요.

➡ 문제를 다 풀고 맨 뒷장에 있는 붙임딱지를 붙여보세요.

스스로 붙임딱지

 시간 끝난 시간 [   ] 시 [   ] 분   채점 3문제 중 [   ] 개 맞았어요

몸에도 좋은 씨앗!

40일차에서 여러분은 다양한 꽃의 씨앗들을 보았습니다. 꽃뿐만 아니라 다양한 식물들은 씨앗으로부터 자라나기 시작합니다. 그런데 이런 씨앗들 중에 먹을 수 있는 씨앗들도 있습니다. 심지어 몸에도 좋다고 합니다.

해바라기씨

해바라기씨는 고기 같은 기름진 음식과 함께 먹으면 우리 몸에 좋다고 합니다. 또한 우리나라에서 씨앗 호떡에 들어가는 씨앗이 바로 해바라기 씨앗입니다.

호박씨

호박씨는 볶아서 간식으로도 먹습니다. 호박씨에는 심장 건강에 좋은 마그네슘이라는 영양소가 많이 들어 있다고 합니다.

석류씨

석류는 비타민이 많이 들어 있는 과일입니다. 영양소의 대부분은 석류씨에 있다고 합니다. 석류는 씨까지 먹어야 하는 과일입니다.

> 빨간 석류 안에 있는 하얗고 딱딱한 것이 석류씨입니다.

다양한: 종류가 많은   **기름진:** 기름이 많은   **영양소:** 영양이 들어있는 물질

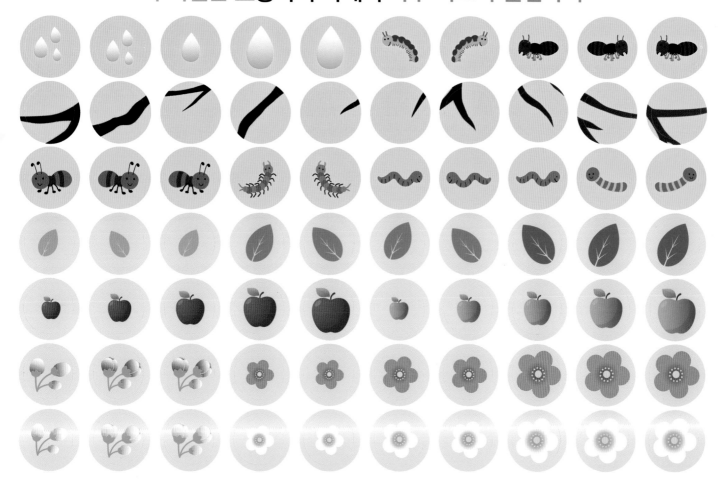